医療的ケア児者を包摂する

教育支援と
ICT活用

山本　勇 監修／山本智子 著

Educational Support and ICT Utilization

including support for students

needing medical care

北樹出版

は じ め に

　日本の学校教育等では、あらゆる子どもを対象に、ネットワークを通して情報をやりとりする ICT（情報通信技術）を活用した学習支援が推進されています。ICT（Information and Communication Technology）とは、情報を通信する技術や、通信を通して情報や人とつながるコミュニケーション（Communication）をも含む表現です。社会の情報化が進む今日、情報の選択や共有に関する情報活用能力の重要性はますます高まっています。加えて新型コロナウイルス感染症対策の必要も受け、学校における ICT の活用が促進されています。

　学校では、子どもが学習や生活に ICT を活用するための教育の他、教育や学校活動を発展させるためにも ICT が活用されています。筆者も、東京都や埼玉県等の学校等において、そうした教育や活動にかかわっています。

　また ICT は、病気や障害がある子どもの教育の支援にも役立てられてきました。人工呼吸器管理等の医療的ケアを必要とする子ども等（医療的ケア児者）を含む多様な現状に応じて、ICT を活用した支援が期待されています。実際に、筆者がかかわる医療的ケア児者は、学習や就労の他、余暇活動等の広範囲にわたって ICT を活用しています。医療的ケア児者が ICT を活用するための知識や技術の多くが学校教育において習得されていることからも、ICT の活用にかかわる学校教育の役割は重要であると考えられます。

　本書はこのような背景をふまえ、医療的ケア児者等の ICT の活用にかかわる教育等に役立つ情報をまとめています。ICT と学校教育に関する最新の動向をふまえ、医療的ケア児者やその支援者が利用できる各種ツールやソフトに関する基礎的情報を紹介し、よりよく活用する方法も取り上げます。ICT を活用することにより医療的ケア児者の well-being を豊かに促進する取り組みが今後ますます発展していくよう、そして、本書がそのための一助となれば嬉しく思います。

著　者

目　　次

はじめに　　ii

第 1 章　医療的ケア児者の教育および支援と ICT の活用　　1
第 1 節　特別支援教育と ICT 活用推進の動向　　1
　1　特別支援教育とは　　1
　2　学校教育における ICT 活用の動向　　2
第 2 節　学校教育における ICT 活用の実際　　5
　1　ICT 環境を整備する　　5
　2　ネットワークを理解する　　6
　3　トラブルを予防するための留意事項　　6
　　(1) 情報へのアクセスを制限する　　7
　　(2) 外部からの攻撃やウイルス感染を予防する　　7
　　(3) Web サイトの閲覧を制限する　　7
　4　情報モラル学習　　8
第 3 節　障害のある子どもの教育および支援と ICT 活用の理解　　10
　1　障害のある子どもの教育および支援の拡充　　10
　2　学校における医療的ケア児支援の動向　　11
　3　医療的ケア児者支援における ICT 活用の可能性　　13

第 2 章　教育および学習支援と ICT の活用　　15
第 1 節　ICT を活用した基本的な学習支援技術・ツール　　15
　1　学習にも活用される主な技術・ツール　　15
　　(1) 文書作成ソフト　　15
　　(2) 表計算ソフト　　16
　　(3) Web ブラウザ　　16
　　(4) 電子メール　　17
　2　ICT を活用した教材　　17
　　(1) 動画教材（YouTube、NHK for School）　　17

　　(2) AI 搭載型デジタル教材　　18
　　(3) デジタル教科書　　18

第 2 節　特別なニーズに対応した ICT の活用　　20
　1　特別支援における ICT 活用に関連する制度　　20
　2　ニーズに対応する支援技術　　21
　　(1) 身体の機能を補う支援技術　　21
　　(2) コミュニケーションの機能を補う支援技術　　21
　　(3) いつでもどこでも参加できる協働学習ツール　　21
　　　1) Quizlet　　2) Flipgrid（Flip）

**第 3 章　教育および学習支援のための ICT 活用における身体の動きの
　　　　　支援**　　25
第 1 節　ICT 活用に伴う身体の動きの支援にかかわる ICT 技術・ツール　　25
　1　操作を補助するツール　　25
　2　操作を簡易化するツール　　27
第 2 節　学校等における ICT の活用の実際　　30
　1　Google スライド　　30
　2　ロイロノート・スクール　　31

第 4 章　発声・表現を支援する ICT の活用　　34
第 1 節　ICT を活用した発声・表現の支援　　34
第 2 節　ICT 活用の実際　　36
　1　描画による表現を支援するツール　　36
　2　音や声による表現を支援するツール　　37

第 5 章　遊び・レクリエーションを支援する ICT の活用　　39
第 1 節　ICT を活用した遊び・レクリエーション　　39
　1　音楽や動画を楽しむ　　39
　2　ゲームを楽しむ　　39
　3　クイズを楽しむ　　41

　　4　バーチャルツアーの作成・訪問・紹介　42

　　5　タイマーの活用　43

　第 2 節　ICT の活用の実際　44

　　1　絵本を楽しむ　44

　　2　新聞を読む　45

　　3　作品をつくる・撮影する・発信する　45

第 6 章　人や社会とのつながりを支援する ICT の活用　48

　第 1 節　ICT を活用した人や社会とのつながりを発展させる支援　48

　　1　音声通話・ビデオ通話・チャットツール　48

　　2　質問・アンケートツール　51

　第 2 節　ICT の活用の実際　52

　　1　オンライン（Web）会議　52

　　（1）オンライン会議サービス　52
　　　　1）Microsoft Teams　　2）Google Meet　　3）Zoom　　4）Cisco Webex
　　（2）Web 会議で使用されるツール　54
　　　　1）Web カメラ　　2）イヤフォンマイク、ヘッドセット　　3）Web 会議用スピーカーマ
　　　　イク　　4）グリーンバック　　5）映像・音声のスイッチャー

　　2　アンケートの作成と実施　56

　　3　利用者等のリストの作成　57

第 7 章　考えや活動等の発信を支援する ICT の活用　59

　第 1 節　ICT を活用した考えや活動等の発信　59

　　1　SNS を活用した発信　59

　　2　動画の作成・共有　60

　　（1）ロイロノート・スクール　60
　　（2）iMovie　60
　　（3）動画の共有　60

　　3　考えたことを表現し記録する　61

　　（1）ロイロノート・スクール　61
　　（2）プレゼンテーションソフト　62

　　　　（3）文章にまとめる　　62

　　4　Web サイトをつくる　　63

　　5　教育向け SNS を活用した国際交流　　63

第 2 節　ICT の活用の実際　　64

　　1　資料や作品等のデジタル化　　64

　　2　記事の作成・編集　　65

　　3　新聞の発行　　66

　　4　データベース化　67

第 8 章　キャリアや将来を豊かにする支援と ICT の活用　　69

第 1 節　ICT を活用したキャリアや生活の発展　　69

　　1　コミュニケーションの場をつくる　　69

　　2　自分の得意・不得意を可視化する　　69

第 2 節　ICT の活用の実際　　71

　　1　ドライブの共有　　71

　　2　多様な端末情報の保存　　71

　　3　クラウドファンディング　　72

第 3 節　ICT を活用した地域や社会の発展にかかわる支援　　73

演習課題　　76

おわりに　　79

索　引　　80

注記：本書の内容は 2022 年 1 月時点の情報に基づいています。各種ツール、アプリ、ソフト等に関する情報は随時更新される場合があり、実践や運用等においては事前に確認されたうえで取り組まれますようお願いいたします。

第 1 章

医療的ケア児者の教育および支援と ICT の活用

今日、ICT は教育や支援において様々な場面で積極的に活用されています。医療的ケア児者の教育や支援においても、個々人の状態および ICT の特性を理解したうえで、効果的に活用することが求められます。本章では、学校教育と ICT 活用推進に関する動向、ICT に関する基礎知識、そして医療的ケア児者の教育・支援における ICT 活用の意義について学びます。

第 1 節　特別支援教育と ICT 活用推進の動向

1　特別支援教育とは

　特別支援教育とは、「障害のある幼児児童生徒の自立や社会参加に向けた主体的な取り組みを支援するという視点に立ち、幼児児童生徒の一人ひとりの教育的ニーズを把握し、そのもてる力を高め、生活や学習上の困難を改善または克服するため、適切な指導および必要な支援を行うもの」です[1]。

　特別支援教育は、国連によって「障害者の権利に関する条約（障害者権利条約）」が採択された年の翌 2007 年に、学校教育法（昭和 22 年　法律第 26 号）に位置付けられました。2012 年には「共生社会の形成に向けたインクルーシブ教育システム構築のための特別支援教育の推進」（文部科学省）が報告されています。また 2021 年には、「障害のある子供の教育支援の手引」（文部科学省）において、障害のある子どもの教育に関して、「障害の状態等に応じて、可能性を最大限に発揮させ、将来の自立や社会参加のために必要な力を培うという視点に立って、子ども一人ひとりの教育的ニーズに応じた支援を行うこと」が求められています[2]。

　こうした障害による学習上または生活上の困難さを改善し、克服するために

活用されてきたのが、ICT です。まず、身体の障害による学習上の困難に対しては、障害の特性に応じて ICT 機器や補助具が活用されてきました。また知的な発達の障害では、学びにくさやコミュニケーションの困難に応じて、理解や意思表示に関する支援が行われてきました。なかでも、退院し在宅で生活する医療的ケア児者は、自立や社会参加を実現する ICT を活用する知識や技能を学校教育を中心に習得していることから、本人や家庭中心でなく学校等において ICT の活用を支援する教育が重要であると考えられます（第3節3参照）。

2　学校教育における ICT 活用の動向

　情報社会に対応するために、学校等においても、ICT を活用した教育が国際的に進められています。ICT を活用する教育が推進される理由は、このような社会的環境をふまえて、情報活用能力を育成することにあります[3]。情報活用能力とは、問題を発見し解決したり自分の考えを形成したりするための資質・能力であり、学習の基盤となる資質・能力に位置付けられます。情報活用能力を習得することで、情報および情報技術を適切かつ効果的に活用し、情報社会に対応する力を備えることが重要であると考えられています[4]。

　2019 年には、学校教育の情報化の推進に関する施策を総合的かつ計画的に推進し、次代の社会を担う児童生徒の育成に資するために、「学校教育の情報化に関する法律」（令和元年　法律第 47 号）が成立し、2021 年から施行されました。また同じく 2019 年には、ICT 活用を推進し情報活用能力を育成するために、「教育の情報化に関する手引」がまとめられています[5]。「教育の情報化に関する手引」では、情報活用能力を育成する基盤として、学校の ICT 環境の整備等が挙げられています（図 1-1）。

　学校の ICT 環境を整備するために実際に進められている取り組みとして、全国の学校で学習する児童や生徒を対象に 1 人 1 台端末と高速ネットワーク環境を整備する「GIGA（Global and Innovation Gateway for All）スクール構想」が挙げられます。「GIGA スクール構想」は、当初は 2023 年度中に整備を完了することが目指されていましたが、新型コロナウイルス感染症感染拡大に伴う

図1−1　学校等におけるICTの活用に関する
基本的な考え方（著者作成）

緊急事態宣言の発令や臨時休校の措置が取られて以降、学びを止めないというスローガンの下に、補正予算が増額されるなどして各地方自治体への支援が加速し、2021年度内には全国の小中学校においてほぼ完了させる方針に改められました。学校のICT化に向けた環境整備5か年計画の最終年度である2022年度には、統合型校務支援システム、ICT支援員の配置や、超高速インターネットおよび無線LAN、コンピュータ、大型提示装置等の整備により、1日1コマ分程度子どもが1人1台環境で学習できる環境を実現することが見通されています[6]。

　また、文部科学省が教育の質の向上を目指して実施する取り組みのひとつとして、前述した「教育の情報化」があり、具体的には「情報教育」「教科指導におけるICT活用」「校務の情報化」を3つの柱としています。この取り組みでは、教育の方法としてICTを活用したり、ICTを活用して情報の活用を実践したりするだけでなく、プログラミング教育とあわせて情報の科学的理解を支援することが求められており、小学校、中学校、高等学校を通して学習が段階的に進められています。

　例えば、小学校では、各教科の単元を通して、「情報的見かた考えかた」をはたらかせて物事をとらえる学習が支援されています（文部科学省「学習指導要領総則」）。具体的には、ICTを活用して情報を収集し、収集した情報を整理し、読み取り考えたり、話し合いをまとめて発信したりする学習が挙げられます。

また、小学校では 2020 年度から、中学校では 2021 年度から、そして、高等学校では 2022 年度から必修化された「プログラミング」教育においては、プログラミングを体験しながらコンピュータに意図した処理を行わせる学習活動を計画的に実施することにより、情報の科学的理解や論理的思考力の育成が支援されています。例えば小学校では、6 年生の理科の電気回路の単元において、スイッチの代わりにコンピュータのプログラムを活用した動きについて学習します。さらに中学校では、技術・家庭科の技術分野の内容として、情報の技術が学習されます。具体的には、ネットワークを利用した双方向性のあるコンテンツに関するプログラミングの他に、センサーから気温や光や音の状態といった環境に関する状態を入力することにより、計測や制御に関するプログラミング等について学びます。そして高等学校では、令和 4 年から始まる学習指導要領において、「情報 I 」が必履修に、また「情報 II 」が選択履修になりました。「情報 I 」においては、「情報社会の問題解決」、「コミュニケーションと情報デザイン」、「コンピュータとプログラミング」および「情報通信ネットワークとデータ活用」の 4 単元を学び、情報の科学的な理解を深めます。「情報 I 」の内容は、令和 7 年度から、大学入学共通テストに出題される見通しです。

　学校では、GIGA スクールサポーター（ICT 技術者）、ICT 活用教育アドバイザー、ICT 支援員（情報通信技術支援員）といった、ICT 教育にかかわる支援者の配置が進められています[7]。GIGA スクールサポーターは、学校におけるICT 環境整備の設計や使用ルールの作成等を行います。GIGA スクールサポーターを学校に配置する場合、経費が学校に支援されます。また、ICT 活用教育アドバイザーは、ICT を活用した教育方法、環境整備の全体方針の策定、ICT 活用に関する専門的な助言や研修支援等を実施します。さらに、ICT 支援員は、学校等における教職員の ICT 活用の支援も行います。

　関連して、文部科学省等では、問い合わせ窓口が設置され、対応地域や対応業種領域に応じた事業者や事業等が学校設置者等に案内されています。ICT 環境の整備に関して地域間の差異が生じることがないように、地方自治体の状況に応じた支援が進められています。

　このように、学習の方法および内容として ICT 活用に関する教育を進める

ために、学校教育とともに家庭等の学校の外で行われる教育も重視されています。

第2節　学校教育における ICT 活用の実際

　学校教育における ICT 活用においては、ICT 活用教育アドバイザー等による支援も実施されていますが、教職員等も、ICT 活用や ICT 教育の実際にかかわる以下の基本的な留意事項について理解しておくことが求められます。

1　ICT 環境を整備する

　ICT を活用するためには、まず ICT 環境を整備する必要があります。ICT 環境を整備するためには、コンピュータとネットワークの整備が必要になります。

　前者のコンピュータについては、学校で整備されたり家庭で用意されたりしたパーソナルコンピュータやタブレット等が活用されます。また、後者のネットワークについては、インターネットやセキュリティ等をふまえた機器（ネットワークを中継するルーターや、ネットワーク間を接続する HUB 等）を選定して設定したり、LAN（Local Area Network. 学校内等の限定されたエリア内で接続できるネットワーク）の配線や電源等を確保したりする必要があります。

　さらに、学校等においてクラウド・サービスを利用する場合、配布されたログインアカウント（ID）とパスワード（PW）を管理することになります。クラウド・サービスでは、クライアントが手元のコンピュータで利用していたデータやソフトウェアが、サービスとしてネットワーク経由でクライアントに提供されます。クラウド・サービスのシステムにログインする場合、パスワードと「秘密の質問」といった2つ以上の段階を経て認証する「多段（2つの場合は「二段階」）認証」が活用されることがあります。パスワードと生体認証のような異なるソースを用いて認証する「多（2つの場合は「二」）要素認証」が活用されることもあります。

2 ネットワークを理解する

　また、機器等を長期に活用する場合、機器等の不具合や故障に対応したり、ネットワークにかかわる機器を管理する必要が生じます。ネットワークが相互接続し世界中のコンピュータ同士が通信を行うことができるシステムがインターネットであり、情報社会の基盤になっています。

　インターネット上にはWebやメール等各種のサーバーがあり、パーソナルコンピュータやタブレット等のクライアントの要望に応じてサービスが提供されています。インターネットに接続するコンピュータには、個別にIPアドレスが割り当てられています。

　IPアドレスとは、ネットワークで通信する機器を識別するために割り当てる番号です。割り当てる方法には、IPアドレスを機器ごとに固定して割り当てる固定IPアドレス方式や、指定された範囲で任意のIPアドレスを自動で割り当てるDHCP（Dynamic Host Configuration Protocol）方式があります。IPアドレスは「0〜255」までの256通りの数字をピリオドで区切った形式（例：0.0.0.0等）で、それにより機器が特定されます。

　Web Pageを閲覧する場合、一般に、ドメイン名（hokuju.jp等）とスキーム名（http://等）を含むURLが使用されます。ドメイン名は、world wide web（www）から慣習的に使用される「ウェブサーバーのホスト名」、組織名を示す「サードレベルドメイン」、登録者の属性を示す「セカンドレベルドメイン」、国別コードを示す「トップレベルドメイン」のように、意味をもつ文字列によって構成されています。ドメインの種別等を見れば、おおよそどのような種別のサイトであるかを推測することができます。実際の通信時には、コンピュータは、ドメイン名ではなく、IPアドレスで処理されています。

3 トラブルを予防するための留意事項

　ICT活用においては、自分からも相手からも双方向に開かれたシステムであることをふまえて、トラブル等を予防する以下のような仕組みについて知っておくことも大切です。

（1）情報へのアクセスを制限する

　認められていない利用者（ユーザ）に情報を非公開にする手段として、アクセス制限、認証、データの暗号化などがあります。認証の形式には、ユーザ認証の他に、身体的な特性を利用して本人認証を行う生体（バイオメトリクス）認証等があります。一度きりの使い捨てパスワードによる認証（ワンタイムパスワード等）もあります。使い捨てのパスワードはトークン（パスワード生成機）を使って作成することができます。また、データを暗号化すると、データを一定の規則に従って第三者に容易に解読できないようにすることができます。

（2）外部からの攻撃やウイルス感染を予防する

　また、外部からの攻撃等を防ぐとともに、内部から外部に意図しない通信が行われることがないように、フィルタリングを行うファイアウォールが設置される場合もあります。ファイアウォールとは、組織内部のネットワークと、インターネット等の外部のネットワークの接点に設置して、外部からの攻撃を防御したり、通信を監視したり制御したりする措置です。

　また、偽装メールの添付ファイルを開いたり、不正な Web サイトで本文の URL をクリックしたりするとコンピュータウイルスに感染することがあり、注意が必要です。このようなコンピュータウイルスの侵入や感染を防ぐために、ウイルス対策ソフトウェア（アンチウイルスソフト）が活用されています。ウイルス対策ソフトウェアは、ウイルス等を感知してコンピュータを脅威から守り、安全性を高めるソフトウェアの総称です。OS（Operating System）に標準的に搭載されているものの他に、Chrome OS のようにウイルス対策を組み込んだものもあります。

（3）Web サイトの閲覧を制限する

　また、子どもがインターネットを利用する場合、不適切な情報へのアクセスを制限する際に、コンテンツフィルタリングが活用されています。閲覧を制限したい Web サイトの URL やキーワードをあらかじめ登録しておき、登録された Web サイトを閲覧できないようにする「ブラックリスト方式」や、閲覧が可能なページだけを登録しておいてそれ以外の Web サイトの閲覧を制限する「ホワイトリスト方式」があります。これらの他に、Web フィルタリング

機能を提供する事業者によってカテゴリーごとに Web サイトを分類したデータベースが用意され、これに基づいて管理者により利用者の閲覧許可あるいは不許可の設定を行う「カテゴリフィルタリング方式」もあります。カテゴリフィルタリング方式では、アダルトやギャンブルといったカテゴリ、R15 やR18 等の年齢別のカテゴリを利用する方法等があります。また、検索エンジンを利用する場合、検索結果から有害なコンテンツへのアクセスを制限する「セーフサーチ」が活用されることもあります。

4　情報モラル学習

　関連して、学校教育等において利用される「教育の情報化に関する手引」に例示されている情報モラル指導モデルカリキュラム表も、情報モラル学習に活用することができます[8]。この表では、「情報社会の倫理」、「法の理解と遵守」、「安全への知恵」、「情報セキュリティ」、「公共的なネットワーク社会の構築」という 5 つの領域と、学年や学校種に応じた目標レベルが挙げられており、情報モラルに関する教育や学習に役立てることができます（表 1-1）。

　情報モラルに関連する法を理解することも大切です。サイバー犯罪に関する主な法令等には、以下のものが挙げられます（表 1-2）。

　これらの法令に違反した場合、被害者から告訴されなくても、警察が違法性を認めた段階で、捜査の対象になる可能性がある非親告罪に相当します。子ども本人がこのことを知らなくても捜査結果によって検挙されることがあり、保護者・支援者等を含めた関係者が皆で認識を共有しておくことが求められます。

　例えば、ID やパスワードを不正に取得したり不正に保管したりする、フィッシングサイトを開設するなどした場合、「不正アクセス行為の禁止等に関する法律」（平成 11 年　法律第 128 号）に違反するおそれがあります。Web Page のデータを無断で書き換えるなどすると、コンピュータ・電磁的記録対象にかかわる違反が問われかねません。他人のパーソナル・コンピュータのデータを破壊するためにウイルスをつくって保存したり、ネット上で事情を知らない人にウイルスをばらまいたりした場合は、不正指令電磁的記録に関する違反が懸念されます。

表Ⅰ-1　情報モラル学習の分類と発達段階に応じた目標（大目標レベル）

	小学校	中学校	高等学校
情報社会の倫理	発信する情報や情報社会で行動に責任をもつ。情報に関する自分や他者の権利を尊重する。	情報社会への参画において、責任ある態度で臨み、義務を果たす。情報に関する自分や他者の権利を理解し、尊重する。	情報社会への参画において、責任ある態度で臨み、義務を果たす。情報に関する自分や他者の権利を理解し、尊重する。
法の理解と遵守	（小学校3年生〜）情報社会でのルール・マナーを遵守できる。	社会は互いにルール・法律を守ることによって成り立っていることを知る。	情報に関する法律の内容を理解し、遵守する。
安全への知恵	情報社会の危険から身を守ると共に、不適切な情報に対応できる。情報を正しく安全に利用することに努める。安全や健康を害するような行動を抑制できる。	危険を予測し被害を予防すると共に、安全に活用する。情報を正しく安全に活用するための知識や技術を身につける。自他の安全や健康を害するような行動を抑制できる。	危険を予測し被害を予防すると共に、安全に活用する。情報を正しく安全に活用するための知識や技術を身につける。自他の安全や健康を害するような行動を抑制できる。
情報セキュリティ	（小学校3年生〜）生活の中で必要となる情報セキュリティの基本を知る。	情報セキュリティに関する基礎的・基本的な知識を身につける。情報セキュリティの確保のために、対策・対応がとれる。	情報セキュリティに関する基礎的・基本的な知識を身につける。情報セキュリティの確保のために、対策・対応がとれる。
公共的なネットワーク社会の構築	（小学校3年生〜）情報社会の一員として、公共的な意識をもつ。	情報社会の一員として、公共的な意識をもち、適切な判断や行動ができる。	情報社会の一員として、公共的な意識をもち、適切な判断や行動ができる。

（文部科学省「教育の情報化に関する手引（追補版）」2020，pp.41-42より著者作成）

表Ⅰ-2　サイバー犯罪に関する主な法令等

主な法令等	主な法令等に違反するおそれがある内容
不正アクセス行為の禁止等に関する法律	フィッシングサイトを開設するなど。
コンピュータ・電磁的記録対象にかかわる違反	Web Page のデータを無断で書き換えるなど。
不正指令電磁的記録に関する違反	他人のコンピュータのデータを破壊するためにウイルスをつくって保存する、ウイルスをばらまくなど。
著作権法	他者の著作物を無断でインターネットに投稿する、漫画、動画や、音楽等の海賊版を販売するなど。

また、ICTの活用にあたって、著作権法（昭和45年　法律第48号）に違反することがないように十分に留意しましょう。著作権は文化的な創造物を保護する権利です。著作権法違反には、他者の著作物を無断でインターネットに投稿したり、漫画、動画や、音楽等の海賊版を販売したりすること等が該当します。著作権の保護期間は国ごとに設定されており、日本では、著作物の創造の時に始まり、別段に定めがある場合を除いて、著作者の死後（共同著作物では最後に死亡した著作者の死後）70年を経過するまでの間、著作権が存続すると定められています。教育機関が教育目的で資料を複製したり配布したりする場合、著作物を特例的に利用することができますが、必要と認められる範囲内で著作権者の利益を不当に害することがないように注意する必要があります。

　この他に、ICTに関連する無料のサービスを活用する場合、事業者の都合等により、規約等に基づいて、サービスが停止されることがあります。必要なデータはこまめに保存しておくとともに、必要であれば有料のサービスを利用することを検討してもよいかもしれません。

　学校等では、情報モラルや情報セキュリティ、ICT活用に関する学習の機会を提供し、適切な対策等を通して、情報社会に参画する上で必要な知識・態度を育成することが求められます。

第3節　障害のある子どもの教育および支援とICT活用の理解

1　障害のある子どもの教育および支援の拡充

　障害のある子どもの教育および支援に関して、「障害者の権利に関する条約」（日本は2014年に批准）第24条3項では、締約国に対し、「障害者が教育に完全かつ平等に参加し、及び地域社会の構成員として完全かつ平等に参加することを容易にするため、障害者が生活するうえでの技能および社会的な発達のための技能を習得することを可能とする」こと、そのために、「意思疎通の補助的および代替的な形態、手段および様式ならびに定位および移動のための技能の習得ならびに障害者相互による支援および助言を容易にすること」、また「教育が、その個人にとって最も適当な言語並びに意思疎通の形態及び手段で、

かつ、学問的及び社会的な発達を最大にする環境において行われることを確保すること」、さらに「（略）重複障害のある者（特に子ども）の教育が、その個人にとって最も適当な言語ならびに意思疎通の形態および手段で、かつ、学問的および社会的な発達を最大にする環境において行われることを確保すること」等を遵守するよう定めています。

これらの条文中の、「意思疎通の補助的および代替的な形態・手段」や「その個人にとって最も適当な言語並びに意思疎通の形態及び手段」には、当然、ICTを用いたツールも含まれると解釈できます。実際に、同条約の第9条では、障害者が自立して生活し、生活のあらゆる側面に完全に参加するために、個々のニーズに応じて「インターネットを含む情報通信機器及び情報通信システム」を活用することができるよう、適当な措置をとることを求めています。

また、この条約の批准に先立って文部科学省は、2012年に、障害のある子どもの教育に関する共通事項として、デジタル教材等のコミュニケーション手段を確保することや、一人ひとりの子どもの状態に応じたデジタル教材やICT機器等の利用にかかわる教材を確保すること等を挙げています[9]。また、2019年に文部科学省によりまとめられた、先の「教育の情報化に関する手引」では、障害のある子どもの支援に効果を発揮するものとして、障害の状態等に応じてICTを活用することが重視されています[10]。

2　学校における医療的ケア児支援の動向

障害者のなかでもとりわけ医療的ケア児の数は、2016年に推計で約1.8万人と、それまでの10年間で約2倍に達し、さらに増加する傾向にあることが報告されています[11]。

医療的ケア児とは、新生児医療技術の進歩を背景として、NICU（Neonatal Intensive Care Unit）等に長期入院した後、引き続き人工呼吸器や胃瘻（腹部に開けた穴に管を通して食物を胃に直接流す方法）などを使用し、喀痰の吸引や経管栄養といった医療的ケアが日常的に必要な子どもをいいます[12]。0歳から19歳までの全国の在宅の医療的ケア児の数は、2021年には20,180人と推計されています[13]。

医療的ケア児の特性には、自分の意思に基づいて行動することが困難な重症心身障害の子どもや、人工呼吸器等を使用しながら自宅から歩いて通学する子どもなど、状態に応じて多種多様であることが挙げられます。

　2021年には、学校等における医療的ケアその他の支援に関する、「医療的ケア児およびその家族に対する支援に関する法律」（令和3年　法律第81号。以下「医療的ケア児支援法」）が定められました。この法律では、「医療的ケア児が医療的ケア児でない児童等とともに教育を受けられるように最大限に配慮しつつ適切に行われる教育に係る支援」の基本理念に基づいて、医療的ケアその他の支援を学校の設置者等の責務とし、学校教育において特別な支援を行うよう求めています。

　同法では、医療的ケアとして、「人工呼吸器による呼吸管理、喀痰吸引その他の医療行為」が挙げられており、厚生労働省による「その他の医療行為」の例には、経管栄養、吸入器（ネブライザー）の管理、気管切開部の管理や、導尿等のケアも含まれています（表1-3）[14]。

表1-3　主な医療的ケアと内容

主な医療的ケア	主な内容
吸引 （喀痰・唾液等）	筋力の低下等が原因で、自力で痰等の排出が困難な場合に、口腔、鼻腔から吸引器で喀痰等を吸引する。
経管栄養 （胃瘻・腸瘻・鼻腔等）	摂食・嚥下の機能に障害があることが原因で、口から食事を摂れない、十分な量を摂れない場合等に胃や腸、鼻腔にチューブを通して流動食や栄養剤を注入する。
吸入 （薬剤）	痰を切れやすくするために機器（ネブライザー）等を使い、薬剤を吸入する。
人工呼吸器の管理	呼吸機能の低下が原因で、うまく呼吸ができない場合等に人工呼吸器の機器を使い、酸素等を肺に送る。
酸素療法の管理	呼吸機能の低下が原因で、体内の酸素が不足している場合、酸素濃縮機の機器を使い、酸素を補う。
パルスオキシメーターの管理	酸素療法を行う場合や、人工呼吸器を使う場合等に、モニタリング機器としてパルスオキシメーターを用いて、呼吸状態を把握する。
気管切開部の管理	呼吸機能の低下が原因で、口や鼻から十分に呼吸できない、栄養が摂れない場合等に、気管を切開して機器を装着する。
導尿	排尿が困難な場合、膀胱にチューブを入れて尿を出す。

2021 年には、文部科学省より、「小学校等における医療的ケア実施支援資料 ― 医療的ケア児を安心・安全に受け入れるために」も示されています[15]。

3 医療的ケア児者支援における ICT 活用の可能性

　このように、量的に増加傾向にあり、質的にも多様な支援が必要な医療的ケア児者の現状をふまえると、個々人の特性に合わせて活用の幅がある ICT 活用のニーズも年々高まっており、その範囲も広がっていることがうかがわれます。

　実際に、2021 年に筆者が医療的ケア児者の支援組織の協力を得て実施した調査では、ICT の活用に関してどのように考えるかという問いに対し、すべての協力者が ICT を活用したい、活用できるようになりたいと回答しました。また、ICT の活用を希望する分野に関する問いでは、その範囲は教育や学習の他、表現、遊びやレクリエーション、人や社会との交流、意見表明を通した参加、地域や社会の発展にかかわる活動など多岐にわたっていました。さらに、自立や社会参加に関して ICT を活用できるようになった回答者のすべては、主に学校教育において、ICT の活用にかかわる知識や技能を習得しており、職場や在宅での現在の就労や社会参加において、ICT が積極的に活用されていることがわかりました。

　医療的ケア児者が、多様なニーズに応じて ICT を活用し、ICT 活用を通して情報活用能力を身に付けることができるよう、まずは医療的ケア児者の自立や社会参加にとって ICT の活用が重要であるという理解を学校関係者をはじめとする支援者が共有し、そうした理解に基づいた教育および支援を提供することが求められています。

註 ───

1) 文部科学省「特別支援教育」.
　URL: https://www.mext.go.jp/a_menu/01_m.htm（accessed 20 October 2022）.
2) 文部科学省初等中等教育局特別支援教育課「障害のある子供の教育支援の手引 ─ 子供た
　ち一人一人の教育的ニーズを踏まえた学びの充実に向けて」2021.
　URL: https://www.mext.go.jp/content/20210629-mxt_tokubetu01-000016487_01.pdf
　（accessed 20 October 2022）.
3) 文部科学省『文部科学白書』2020.
4) 文部科学省「ICT の活用の推進」2019.
　URL: https://www.mext.go.jp/b_menu/hakusho/html/hpab201901/detail/1422160.htm
　（accessed 20 October 2022）.
5) 文部科学省『教育の情報化に関する手引』2019.
6) 文部科学省「学校における ICT 環境の整備について（教育の ICT 化に向けた環境整備 5
　か年計画（2018（平成 30）～2022 年度））」.
　URL: https://www.mext.go.jp/a_menu/shotou/zyouhou/detail/1402835.htm（accessed 20
　October 2022）.
7) 文部科学省「学校における ICT 活用について」2022.
　URL: https://www.mext.go.jp/a_menu/other/1421443_00003.htm（accessed 20 October
　2022）.
8) 文部科学省「教育の情報化に関する手引 ─ 追補版」2020.
　URL: https://www.mext.go.jp/a_menu/shotou/zyouhou/detail/mext_00117.html
　（accessed 20 October 2022）.
9) 文部科学省「特別支援教育の在り方に関する特別委員会合理的配慮等環境整備検討ワー
　キンググループ報告：学校における『合理的配慮』の観点」2012.
10) 前掲、文部科学省「教育の情報化に関する手引 ─ 追補版」2020.
11) 厚生労働省「医療的ケアが必要な子どもと家族が、安心して心地よく暮らすために ─
　医療的ケア児と家族を支えるサービスの取組紹介」2018.
　URL: https://www.mhlw.go.jp/iken/after-service-2018.12.19.html（accessed 20 October
　2022）.
12) 厚生労働省「医療的ケア児等とその家族に対する支援施策（1　医療的ケア児につい
　て）」.
　URL: https://www.mhlw.go.jp/stf/seisakunitsuite/bunya/hukushi_kaigo/
　shougaishahukushi/service/index_00004.html（accessed 20 October 2022）.
13) 同上.
14) 同上.
15) 文部科学省「特別支援教育」.
　URL: https://www.mext.go.jp/a_menu/01_m.htm（accessed 20 October 2022）.

第**2**章

教育および学習支援と ICT の活用

第 2 章では、前章で確認した特別支援教育と医療的ケア児にかかわる基本的な考え方に基づいて、教育および学習支援における ICT の具体的な活用に関して学びます。

第 1 節　ICT を活用した基本的な学習支援技術・ツール

1　学習にも活用される主な技術・ツール

　オフィスワーク向けに提供されているソフトや技術には、学習ツールとしても活用されているものがあります。これらの学習ツールは、医療的ケア児者の就業や社会参加に役立つことがあります。

　代表的なソフトとして、「Microsoft 365」[1]（Microsoft が提供する Word（後述）、Excel（後述）等の Office 製品ラインのサブスクリプションサービス）、「Google Workspace」（Google が提供する Gmail や Google カレンダー、Google ドライブ、コミュニケーションやファイル作成などの組織向けオンラインアプリケーションセット）や[2]、「Apple iWork」（Apple が開発・販売するワープロソフト、プレゼンテーションソフトウェア、表計算ソフト等のオフィス向けソフト）等が挙げられます[3]。

（1）文書作成ソフト

　Microsoft Word 等の「文書作成ソフト」では、文字列や段落に書式を設定したり、罫線を使用して表を作成したり、図形を描画したり、差し込み印刷機能を活用したりすることができます。

　文書を新規に作成する場合、OS（Operating System; コンピュータ全体を制御する基本ソフト）ではなく、Web（インターネット）アプリ（Web 等のネット

ワークから利用するアプリケーションソフトウェア）のワープロソフトを活用して文書を作成する方法もあり、Web ブラウザがあれば、どこでも作業できます。Web アプリは、更新した内容が自動で保存されることから保存し忘れることがなく、保存履歴を 遡 って文書を確認することができるため、上書きによる文章の消失も避けられます。また、OS の違いに伴う互換性を気にする必要もなくなります。Web アプリのワープロソフトを活用する場合は、Web ブラウザで Office Online を開き、Microsoft アカウントでサインインし、Word をクリックして、文書を新規作成します。文書名を入力しておくと、過去の文書を参照する際に、履歴をクリックし変更履歴を表示して選択した文書を復元しやすくなります。

（2）表計算ソフト

Microsoft Excel 等の「表計算ソフト」や、Microsoft Power Point 等の「プレゼンテーションソフト」も、代表的な学習ツールです。前者の表計算ソフトでは、表を作成したり、関数等の数式を使用した数値データを集計したり、グラフを作成したり、データを並べ替えたり、データをフィルター化したりすることができます。また、後者のプレゼンテーションソフトでは、スライドや資料等を作成したり、図やグラフ・イラストを挿入したり、文字列やグラフィックにアニメーションを設定したりすることができます。

（3）Web ブラウザ

Web サイトを閲覧するために使用するアプリケーションソフトが、Google

Chrome、Safari、Internet Explorer 等の Web ブラウザ（インターネットブラウザ）です。各ブラウザでは、文字列や画像、音声や、動画等の情報が、指定されたレイアウトに基づいて画面に表示され、気に入った Web ページを分類して登録することもできます。Web ブラウザは、後述する動画教材や AI 搭載型デジタル教材を視聴する際にも活用されます。

（4）電子メール

「電子メール」も、代表的な学習ツールとして活用されます。電子メールでは、文字列のメッセージや、画像・音声等のファイルを添付して送ったり、同じ内容を同時に複数の人に送ったりすることができます。双方向の伝達は必ずしも早くありませんが、送り手も受け手も、相互の都合に応じてやりとりすることができます。

この他に活用される学習ツールには、写真・動画撮影ソフト（第4章～参照）、動画編集ソフト（第4章～参照）、地図作成ソフトや（第5章参照）、ファイル共有機能（第4章～参照）、アンケート機能（第6章参照）や、プログラミング教材等（第2章参照）があります。

2 ICT を活用した教材

（1）動画教材（YouTube、NHK for School）

教育および学習支援に関連して、YouTube（YouTube Kids）や[4]、NHK for School 等が提供する動画教材が活用されることがあります[5]。

YouTube を活用する場合、まず Google アカウントのメールアドレスとパスワードを入力してログインし、YouTube を開きます。続いて、画面のプロフィールアイコンをクリックして「チャンネルを作成」をクリックします。表示された指示に基づいて必要事項を記入して進むと、動画を投稿できるようになります。YouTube では、複数のチャンネルをもち、使い分けることもできます。

　また YouTube には、子ども向けに開発された YouTube Kids という公式アプリもあります。YouTube Kids では、子どもが安心して楽しめる動画が選定され、子どもが自らコンテンツを探索しやすく、その過程を保護者や教育者が確認できるよう工夫されています。

　NHK for School では、学年や教科等に応じて様々な動画コンテンツが視聴できます。発達の気になる子が、学校生活や社会生活を送るうえで大切なスキルを学べるようサポートする特別支援教育番組「でこぼこポン！」や、身体障害や発達障害のある子どもや外国人の子どもなどマイノリティーの特性を知り、理解を深める番組「u & i」など、特別支援分野の番組も提供されています。キーワードを入れて検索することができる機能も設定されており、自主的な学習にも活用されています。

（2）AI 搭載型デジタル教材

　一人ひとりの課題に応じて学習を支援するために、AI を搭載したデジタル教材の活用も進められています。代表的な教材として、デジタルドリルのレコメンド機能などを用いて個別最適化された ICT 学習サービス「navima」(TOPPAN EDUCATION, 2021. 4)[6]、児童・生徒一人ひとりの習熟度に合わせて最適な問題を出題するアダプティブラーニング教材「Qubena」(COMPASS, 2016) や[7]、インターネットを通じてゲーム感覚で学べる対話型のデジタル教材「すらら」（すららネット）等が挙げられます[8]。

（3）デジタル教科書

　教科用図書（以下「教科書」）においても ICT が活用されています。今日では、動画や音声等の教材等が活用された、デジタル教科書が提供されています。デジタル教科書は、ノート機能をあわせもっており、コンピューターの画面に

書き込みができ、消したり、書き直したりすることもできます。デジタル教科書は、大型提示装置（電子黒板、大型ディスプレイ、プロジェクター等）等を使用して多様に活用することができます（図2-1）。

　ノート機能を活用すると、書き込んだ内容等を、近くにいなくても、他の子どもや子どもたちと見せ合うことができ、対話的な学びにより相互に理解を深めることが期待されています。また、画面を拡大したりポップアップを表示したりして図や写真等の詳細部を見やすくしたり、音声読み上げ機能を活用して読み書きに課題がある場合の学習を支援したりすることにより、あらゆる子どもを包摂するユニバーサルな教育の推進にも役立てられています。

　デジタル教科書は、主に、「スタンドアロン運用」と「サーバー運用」の2つの運用形態を通して活用されています。前者のスタンドアロン運用とは、教科書や教材のデータを（タブレット、PC等の）端末内部のストレージに保存し、専用のビューワソフトをインストールして利用する方法です。インターネットに接続していない状況でも動作するので、場所を問わず利用することができます。一方で、バージョンアップ作業が端末ごとに発生する等の、メンテナンスにかかわる負担が発生します。そのため、その対応にかかわる検討が必要になります。一方、後者のサーバー運用とは、教科書や教材のデータをサーバーに

図2-1　学校等におけるデジタル教科書の活用の例

保存し、各端末はビューワソフトやインターネットブラウザソフトで利用する方法です。サーバーの設置場所によって、利用や運用方法が異なります。学校やセンター内に設置されたサーバーの場合、バージョンアップ等のメンテナンスを行う必要があり、学外からの接続については技術的な対応の検討が必要になります。教科書の発行会社等が提供しているクラウド上のサーバーを利用する場合、メンテナンスの負担が軽減されますが、インターネット接続が必須となるため必要な帯域の確保が必要になります。

デジタル教科書の活用においては、健康に影響を与えにくいように、画面と目の距離を 30cm 以上離すとよいことが指摘されています[9]。

第 2 節　特別なニーズに対応した ICT の活用

1　特別支援における ICT 活用に関連する制度

医療的ケア児等の、病気や障害のある子どもの教育および支援においても、ICT 技術を含めた様々な方法が活用されています。

特別支援学校の高等部に在籍する場合、ICT 機器が修学奨励費制度の対象であることから、地方自治体や世帯の収入に応じて、ICT 機器にかかわる費用が公費で負担されます。公費負担の対象には、前述の特殊マウス、入力支援スイッチや、点字ディスプレイ等の入出力支援装置の整備のための費用が含まれます。

また、普通学校では、インクルーシブ教育が推進されつつあるなかで、合理的配慮として ICT の活用が認められています[10]。一例として、授業で板書された内容をスマートフォンのカメラ等で記録する方法や、「UD トーク」(UD TALK)（主に聴覚障害者とのコミュニケーションを、パソコンや携帯電話を使って行うためのソフトウェア。音声認識技術を使って会話・スピーチをリアルアイムに文字化できる）等のノートテイク用の端末やアプリも使用されています。

2　ニーズに対応する支援技術

（1）身体の機能を補う支援技術

　身体の不具合等を補う支援技術（Assistive Technology：AT）として、視覚障害を中心に、音声読み上げ機能をもつスクリーンリーダーや、画面拡大ソフト（図2-2）などが挙げられます。その他の技術やツールについては、第3章で紹介しています。

（2）コミュニケーションの機能を補う支援技術

　気持ちや考えを相互に伝え合うコミュニケーションに関して、話す、きく、読む、書くといった支援を必要とする場合に、拡大・代替コミュニケーション（Augmentative & Alternative Communication：AAT）の技術を通してICTが活用されてきました。具体的なツールとして、相互に意思をやりとりしやすくするコミュニケーションボードが用いられています。コミュニケーションの内容をイラストで表し、イラストを通して示すことにより、意思の伝達を支援します。この他、アナログな方法として、口述、身振りや手振り、わかりやすく豊かな表情でかかわるといった支援も行われています（図2-3）。

（3）いつでもどこでも参加できる協働学習ツール

　医療的ケア児者の学習支援においては、自身のペースに合わせていつでも繰り返し学習できるだけでなく、場を選ぶことなく（在宅の医療的ケア児者であっても）クラスやグループで協働して一緒に学習するためのツールとなることが期待されます。

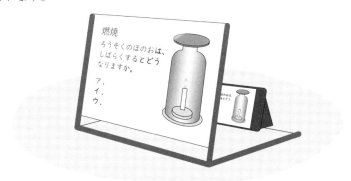

図2-2　支援技術の例（画面拡大ソフト）

図2−3　拡大・代替コミュニケーションを活用する医療的ケア児

　1）Quizlet　　学校では、集団での協働学習や、学習の振り返りにおいて、
ICT ツールが活用されることがあります。例えば、デジタル単語カードや
ゲーム形式で英単語等を学べるオンラインの学習支援アプリ「Quizlet」（アン
ドリュー・サザーランド，2007）を活用した実践があります。

　Quizlet には、登録したカードデータに基づくクイズなどの学習モードがあ
ります。インストールの必要がない Web アプリなので、すぐに活用できます。
子どもたちはグループで協力しながら、ゲームを通して英単語等を学びます。
解答する過程や結果を共有でき、前回の授業の内容も振り返ることができるの
で、習得した成果や課題を確認、クラスで共有することもできます[11]。

　学校等において Quizlet サイトを活用する場合、初回は「新規登録」で学校
とクラスを設定します。発信者（教職員等）は、画面に表示された「作成す
る」から「学習セット」を選択し、テストのフォーマットを作成して、タイト
ルと説明を入力し、クイズの設問と解答を入力します。入力された内容は、自
動保存されます。「単語」に設問を入力し、Tab またはカンマを入れ、「定義」
に解答を入力して、最後に「インポート」を押します。言語の選択をして、
「作成する」を押すとフォーマットができます。画面が立ち上がったら、
「Live」を選択します。集団に関して、自動で単語カードをランダムに振り分
ける機能があり、集団内の解答順もランダムに自動的に指定されます。チーム
をランダムに編成したい場合、「ランダム形式」を選択します。Quizlet の基本

は単語カードをデジタル化したものであり、単語カードと同様に一問一答の組み合わせにする必要があります。

単語カードを用いてチーム戦を行う場合、参加者（児童・生徒等）には6桁のコードとQRコードが表示されるので、Quizletのサイトから6桁のコードを入力するか、QRコードを読み取ります。続いて、名前を入力し、「ゲームに参加」を選択します。発信者は「ゲームの作成」を選び、参加者全員の準備状況を確認したら、「ゲームを開始」を押します。

参加者は、画面にランダムに表示された単語カードに順に解答します。発信者の画面に、班等の集団ごとの取り組み状況が表示されます。学校等では、大型提示装置で共有されることがあります。

全問正解した集団が発信者と参加者の画面に表示されます。「統計を見る」を選択すると、学習した内容や正答率を確認することを通して振り返ることができます。解答状況は、大型提示装置でリアルタイムで表示することにより、クラス等の集団において共有されます。

2）Flipgrid（Flip）　また、音楽科等の実技科目で活用されるツールに、「Flipgrid」（Microsoft, 2014. 2022年にFlipに名称変更）があります[12]。Flipgrid（Flip）では、提示された課題に対して動画で解答します。解答された動画に教員や他の子どもが投稿することもできます。必要に応じて、モザイクやステッカーを使用し、情報を保護することもできます。

活用するには、まずトピック（課題）を作成します。参加者が確認できるように、Promptにルーブリック（評価ツール）を記入します。モデルとして活用する動画を投稿することもできます。設定したら「Create Topic」をクリックし、トピックの作成を終えます。

参加者は、個人の端末でトピックを開き、歌唱や演奏等の動画を撮影して投稿します。トピックごとにアクセスできる期間や公開される期間を設定することができ、設定された時間内では、何度も投稿することができ、投稿された動画を全員で視聴し、表現活動を共に楽しむこともできます。

QuizletやFlipgrid（Flip）は、個人の学習とともに、集団における学びを支援する機能をあわせもっています。

註 ──

1）Microsoft 365.
　URL: https://www.microsoft.com/ja-jp/microsoft-365（accessed 22 October 2022）.
2）Google Workspace.
　URL: https://workspace.google.com/intl/ja/（accessed 22 October 2022）.
3）Apple iWork.
　URL: https://www.apple.com/jp/iwork/（accessed 22 October 2022）.
4）YouTube.
　URL: https://www.youtube.com/
　YouTube Kids.
　URL: https://www.youtubekids.com/?hl=ja（accessed 22 October 2022）.
5）NHK for School.
　URL: https://www.nhk.or.jp/school/（accessed 22 October 2022）.
6）TOPPAN EDUCATION. navima.
　URL: https://solution.toppan.co.jp/education/service/navima.html（accessed 22 October 2022）.
7）COMPASS Inc. Qubena.
　URL: https://qubena.com/（accessed 22 October 2022）.
8）すららネット.「すらら」.
　URL: https://surala.jp/（accessed 22 October 2022）.
9）文部科学省「学習者用デジタル教科書の効果・影響等に関する実証研究」2020.
10）UD TALK.
　URL: https://udtalk.jp/（accessed 22 October 2022）.
11）Quizlet.
　URL: https://quizlet.com/ja（accessed 22 October 2022）.
12）Flipgrid.
　URL: https://info.flipgrid.com/（accessed 22 October 2022）.

第3章

教育および学習支援のための
ICT 活用における身体の動きの支援

第3章では、教育および学習支援のための ICT 活用に伴う、身体の動きを支援するために活用されている ICT 技術・ツールや、その活用の実際を中心に学習します。

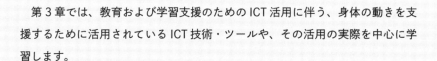

第1節 ICT 活用に伴う身体の動きの支援にかかわる ICT 技術・ツール

1 操作を補助するツール

　身体機能の障害等により、パーソナルコンピュータなど、ICT ツールのスイッチを操作することに課題がある場合があります。そのようなときに活用できるツールとして、入力支援スイッチがあります（図3−1）。キーやボタンを押すことはできなくても、このスイッチに触れると、先端の駆動部（図3−1画像下部の右側）からレバーが飛び出してボタンが押され、パーソナルコンピュータや、リモコンボタン、コールボタン等の電源スイッチを操作できます。

　マウスを操作することが困難な場合には、代替機能をもつジョイスティック（図3−2）等が活用されています。ジョイスティック型のマウスには、左クリックやダブルクリックといったマウスの機能をもつレ

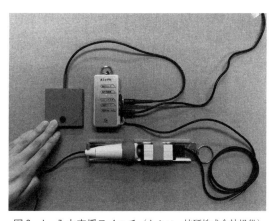

図3−1　入力支援スイッチ（トクソー技研株式会社提供）

図3-2　ジョイスティック

バーと3つのボタンがあり、指先やあごで動かして使用することができます。スピードの速さや操作の無効等に関して細かく設定することにより、自分により適したマウスにすることができます。

　身体の運動や姿勢の保持に課題がある利用者がパソコンを使用する場合、デスクトップ型ではなくノートパソコンが適しているかもしれません。場所や位置を移動しやすく、便利であるためです。ただし、ノートパソコンを使用する際には、前傾姿勢になりやすいことに注意が必要です。

　ノートパソコンの使用時に楽な姿勢を取りやすくするために、外付けのキーボードを追加することがあります。使わないデスクトップパソコンのキーボードをUSBソケットに差し込んで活用することもできます。液晶画面の位置を調整するために、ノートパソコンスタンドを準備することもできます（図3-3）。

図3-3　ノートパソコンスタンド

手や指の運動に課題がある場合、操作性の高いマウスやタッチパッドを使用すると、作業しやすくなる傾向があります。多機能マウスでは、形状や、操作性、よく使う操作をボタンに割り当てて記憶するといった機能により、マウスだけでできる操作が増えます。資料を確認しながら文書を作成する場合等では、複数のソフトを起動しても、セカンドディスプレイを活用することにより、一度立ち上げたソフトを閉じることなく作業することができます。

　マウスの他に、タッチパッド（板状のセンサーを指等でなぞって画面上のポインターを操作する装置）や（図3-4）、トラックボール（半球状に飛び出したボールを指等で回転させて画面上のポインターを操作する装置）等を活用することもできます（図3-5）。ワイヤレスのマウスを使用する場合は、接続する際に設定が必要になります。また、個人の様子や好みに応じて特殊マウスが活用されることもあります（図3-6，図3-7）。

　さらに、視線で入力することができるシステムも開発されています。視線入力装置やスイッチを使用して、文字を入力したり、合成された音声を通して意思を伝達したり、興味・関心のある動画を視聴したりすることができます。

　タッチペン（スタイラスペン）を活用する場合、パーソナルコンピュータやタブレット等に応じた機種を準備しましょう。実際に使用してみて、ペン先、持ち手、筆圧感や、重さ等を選択することができます（図3-8）。使用者が持ちやすいよう、握り部分を加工する等して活用されることもあります。

2　操作を簡易化するツール

　キーボードのショートカットキーを活用すると、操作を減らすことができます。ショートカットキーは、文字や図形、ファイルの操作においても活用できます。CtrlキーやShiftキーを押して文字キーを押すと、キーを同時に押さなくても操作できます。例えば、「Ctrl（Command）＋Z」では、直前の操作を取り消すことができ、誤って文字や図表を消してしまったとか、図表のレイアウトを崩してしまったとかいった、修正が必要な場合に活用することができます。連続して押すと、操作を連続してさかのぼることができます。ただし、ファイルの上書き操作は取り消せないことがあるので注意が必要です。

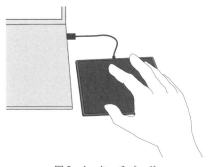

図3-4　タッチパッド

図3-5　トラックボール

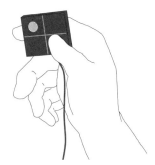

図3-6　特殊マウスの使用例1
指で操作することができる。

図3-7　特殊マウスの使用例2
足で操作することができる。

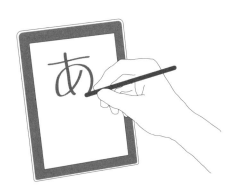

図3-8　タッチペン（スタイラスペン）

「Ctrl（Command）＋ Z」と合わせて活用したいのが、「Ctrl（Command）＋ Y」です。「Ctrl（Command）＋ Y」は、「Ctrl（Command）＋ Z」で取り消した操作をやり直す際に活用できます。「Ctrl（Command）＋ Z」を連続して押してしまい、必要以上に取り消してしまった場合に活用できます。また、「Ctrl（Command）＋ C」では、選択した文字や図等をクリップボードにコピーすることができます。コピーは範囲を選択し右クリック（ダブルタップ）でメニューを表示してコピーをクリックするという方法でもできますが、キーボードのショートカットを活用すればより簡単に、短い時間で行うことができます。

　合わせて活用できるのが、「Ctrl（Command）＋ V」です。「Ctrl（Command）＋ V」では、コピーしたものをペーストすることができます。もし、コピーしてペーストする際に元の文字や図表を残す必要がないのであれば、「Ctrl（Command）＋ X」を活用することができます。文字や図表は画面から消えるのですが、クリップボードにコピーされているので、「Ctrl（Command）＋ V」でペーストすることができ、コピー＆ペーストしてから消すよりも工程を減らすことができます。すべての文字や図表を選択したい場合は、「Ctrl（Command）＋ A」を押し、全選択してから削除キーを押すと、すべてを一気に消すことができます。長文で活用する場合には便利です。この他のショートカットキーについては、ネット検索で案内されているものがあります。活用する端末に応じて調べ、必要に応じて活用してみるとよいでしょう。

第2節　学校等におけるICTの活用の実際

　学校等でも、学習内容の共有や送信などの場面で、様々なICTツールが活用されます。本節では特別支援においても活用できる、代表的な2つのツールを紹介します。

1　Google スライド

　例えば、キーボードの操作が容易でなければ、紙媒体に表現した作品をデジタル化して発信する方法があります。作品を端末のカメラで撮影して「Googleスライド（Slides）」に貼り、[1] 送信する方法です。この方法であれば移動が難しい場合でも遠隔で利用でき、また強調したい部分を拡大する等の加工もできます。

　Google スライドを活用する場合、事前に写真を挿入する枚数分の空白スライドを設定しておくといった準備を行います。空白スライドは、Google スライドを立ち上げ、メニューバーの「＋」ボタンの横の矢印を押し、表示された画面の空白を押すと作成することができます。コピーをしたいスライド上で右クリックし、「スライドのコピー」を押すという方法もあります。

　授業は、画面共有機能が活用されることもあります。画面を共有するには、スライドの編集画面の右上の「共有」をクリックします。「リンクをコピー」を押すと、作成したGoogle スライドのリンク先のURLがコピーされ、このURLをメールで送信すれば、作成したGoogle スライドを共有することができます。共有したGoogle スライドのメニューから「挿入」、「画像」を選択すると、撮影された写真が保存された場所からスライドに挿入されます。コメント機能により氏名等をコメントに加えて、どのスライドを誰が作成したのかを記録することもできます。スライドを大型提示装置（電子黒板や大型ディスプレイ等）で映しながら、グループで発表することなどもできます。

　スライドを利用する場合は、見やすいよう、紙媒体に表現した作品そのものを、濃く、はっきり表現するとよいでしょう。また、写真を撮影する際には明るい場所で、真上から、焦点を合わせるように心がけましょう。作品をB4 程

度の大きさにまとめると、撮影した写真の文字が小さくて読みにくいといった問題が起こりにくいようです。

2　ロイロノート・スクール

　文書やファイルをそのまま受け渡したい場合、学校では「ロイロノート・スクール」（LoiLo, 2014）が活用されることがあります[2]。ロイロノート・スクール（以下、ロイロノート）とは、インターネットを用いたクラウド型の授業支援アプリです。文書やファイルをデジタル化することにより、生徒間、教師‐生徒間で送ったり受け取ったり返したりといったやり取りがすぐにできるだけでなく、やり取りの状況や過去の内容を確認しやすくなったり、保存や管理もしやすくなります。

　ロイロノートでデジタル文書を送る方法は、文書のアイコンを「送る」ボタンにドラッグ＆ドロップし、送り先を選択してから、「送る」を押します。デジタル文書を返す場合には、「提出」ボタンにドラッグ＆ドロップします。提出されたすべての文書の一覧は、「提出」で確認できます（図3−9）。新規の「提出箱」を設定すると、提出された文書を参加者全員と共有することもできます。

　文書を共有することは、他の人たちの考えを知り、多様な考えがあることに気付いたり、対話を促進したり、改めて考えてみたりといった過程を通して、個人や集団の共同的な成長につながります。他の人たちにとってよりわかりやすい表現の方法や内容について気付いたり、考えたりする機会になることも期待されます。

　ロイロノートには、YesかNoかといった、簡単なテストやアンケートのような機能があります。また言葉で説明することが苦手な子どもでも、「色」を使い、多様な子どもたちが参加しやすくすることができます。

　例えば、Yesなら○色のカード、Noなら×色のカードというように、回答に応じてわかりやすい色を

図3−9　ロイロノートのアイコン（ボタン）

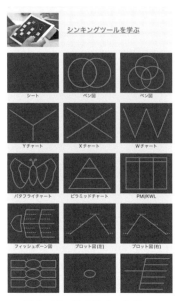
図3−10　ロイロノートの
　　　　シンキングツール

あらかじめ定めておきます。色のカードは、メニューから「テキスト」を選択すると、様々な色の背景が選択できます。このように色を活用することで、クラス全体の意見の様子や傾向がわかりやすくなります。また、設定された空欄等に、なぜそのように考えたのか、その理由も合わせて提示することにより、自分の考えを深めたり、相互の理解に役立てたりすることができます。全体の様子や傾向についてどのように考えたか、さらにどのような課題が見つかるか等について、意見を出し合うこともできます。

　またロイロノートには、シンキングツール（思考ツール）も用意されています。比較、分類、関係付けなど、思考するときの様々なパターンが図で示されており（図3−10）、活動と組み合わせることで、思考を可視化することに役立てることができます。

図3−11　学校・在宅で共通ツールを活用して表現を楽しむ

「ロイロノート」の他にも、「Google Jamboard」（第 6 章 1 節 1 参照）や[3]、「Microsoft Whiteboard」（リアルタイムで共同編集でき、オンライン上の会議やコミュニケーションを便利にするホワイトボードアプリ）等の共有ツールがあり、各学校等の ICT 環境に応じて活用されています[4]（図 3-11）。

 註

1）Google スライド（Slides）.
　 URL: https://www.google.com/intl/ja_jp/slides/about/（accessed 6 February 2022）.
2）ロイロノート SCHOOL.
　 URL: https://loilonote.app/login?hl=ja-JP（accessed 6 February 2022）.
3）Google Jamboard.
　 URL: https://edu.google.com/intl/ALL_jp/products/jamboard/（accessed 6 February 2022）.
4）Microsoft Whiteboard.
　 URL: https://www.microsoft.com/ja-jp/microsoft-365/microsoft-whiteboard/digital-whiteboard-app（accessed 6 February 2022）.

第4章

発声・表現を支援する ICT の活用

　声を出すことや話すことに課題がある場合や、多様な表現を楽しみたい場合にも、ICT を活用することができます。学校等でどのように実践されているかも合わせて、学習してみましょう。

第1節　ICT を活用した発声・表現の支援

　話すことに困難がある場合、学校では、VOCA（Voice Output Communication Aid）が活用されてきました。VOCA とは、録音した音声やイラスト等と組み合わせた音声を、スイッチを押すことによって再生することができる、各種のコミュニケーション機器です。タブレット端末や、Drop Tap（約 2000 語の視覚シンボル「ドロップス」を使って文章を作り、音声で読み上げるコミュニケーション支援アプリ。自作イラストや画像を作るなどドロップスの編集・加工ができ、音声も新たに録音できる。ドロップレット・プロジェクト，2022）等のアプリなどが活用されています（図 4 - 1）[1]。

　録音機能を活用して、音声データを提出・確認したり、コメントのやり取り

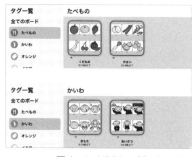

図 4 - 1　VOCA の例：Drop Tap（ドロップレット・プロジェクト）

等をすることができます。例えば、前章でも紹介した、学校等で活用されている「ロイロノート・スクール（ロイロノート）」では、録音機能を通して音声を吹き込むことができます[2]。制限時間を設定して録音することもでき、カメラ機能で撮影・録画した映像と合わせた動画を作成することもできます。

　録音したい場合、必要に応じて文章を作成し、メニューボタンで収録時間を設定します。作成されたカードに音声を録音することができます。録音を終了すると、画面に波形が表示され、クリックすると音声を再生できます。修正が必要な場合は上書き録音もできます。提出が必要な場合は、教員等により提出箱が作成され、必要に応じて文章を作成したカードが用意されます。動画は自動的に保存されるので、複数の動画を録画し、最もよく表現できた音声を提出することもできます。提出箱に提出後は、教員等が確認し、コメントなどが加えられて返却されるという流れになります。

　音や音楽を活用して表現することもできます。アプリを利用して、気持ちや考えを表現する音楽を作ったり、自作の音楽を活用した動画を作成するなどして、学習や表現活動を楽しむこともできます。音楽の授業では、コードを使って曲を作ったり、リズムや音を重ねてアンサンブルを楽しんだりされています。

　ロイロノートで動画を作成する場合、カードに表示される矢印を長押しし、選択したカードの三点リーダーから、「書き出し」、「動画ファイル」、「開始」を選択すると、複数のカードがつながり、動画になります。「ビデオを保存」を選ぶと、動画を保存することができます。

　Apple の端末を活用する場合、「Garage Band（ガレージ バンド）」アプリをインストールし、BGM を作成することができます[3]。自身の声や、動画とあわせて活用されることもあります。立ち上げた Grand Band の上の＋ボタンを押し、「TRACKS」か「LIVE LOOPES」を選択します。既成の音楽を組み合わせて作曲したい場合は、後者を選択し、任意の音楽アイコンを押します。表示されたセルに音源が入っており、押すとループ（繰り返し）再生されます。録音ボタンを押すと、セルの音源を組み合わせて音楽をつくり収録することができます。録音した曲は Garage Band アプリで再生する方式で保存されます。画面を開き「My Song」を押すと、録音した音楽が My Song という名前で保存さ

れているので、必要に応じて名称を変更します。共有する場合は、長押しをして表示されたメニューから「共有」を選択します。表示された選択メニューから曲を押し、曲の保存形式を選択する画像で「高音質」を選択して「送信」を押し、任意の場所を設定して保存します。動画と保存した音楽を同時に再生し、プレゼンテーションすることもできます。

　このように作成した音源を編集して、音楽ファイルを制作することもできます。音や音楽表現を録音したり作曲したりするためには、「オンラインボイスレコーダー」や「SONG MAKER」といった Web アプリがあります。

　自作のイラストや写真等を 1 枚の画像で表現する場合、スライドを作成すると、大型ディスプレイで表示することができます。スライド作成には「パワーポイント」や、「Keynote」等のプレゼンテーションソフトを活用できます[4]。学校等では、スライドを大型提示装置に提示して用いることもあります。

　イラストなどを自作することが難しい場合、フリー素材を活用してスライドを作成し、スライドショーを表示してもよいでしょう。Windows のパーソナルコンピュータであればキーを押しながら Print Screen で、Mac のパーソナルコンピュータであれば Shift キーと Command と 3 を同時に長押ししてスクリーンショットを撮り、画像としてデスクトップに保存できます。スクリーンショットや、可能であればダウンロードすると、全画面表示できる画像を撮ることができます。

第 2 節　ICT 活用の実際

1　描画による表現を支援するツール

　絵を描くことが難しくても、ICT を活用して表現活動が楽しむことができます。ICT を活用することで自由な表現を支援するだけでなく、立体や遠近の表現の理解にも役立てることができます。

　例えば、タブレットを活用してスケッチをする場合、まず描きたい対象の写真をタブレットで撮影し表示させます。写真をタブレット用のペンでなぞると、スケッチを作成することができます。ある部分を指定して白紙にしたり、一つ

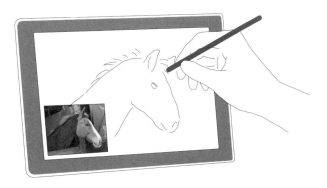

図 4−2　Keynote の使用例

前の作業に戻ってやり直したりすることもできます。授業時間内で作業に没頭
してもよいように、作業時間を設定することもできます。

　学校で活用されている描画アプリに「Keynote」があります。使用方法は、
まず Keynote を立ち上げて、「新規作成」をタップします。表示されたテーマ
を選択する画面で、キャンバスになる、背景が白いテンプレートを選択します。
＋ボタンから写真またはビデオを選び、スケッチする写真を選びます。写真を
取り込み、＋ボタンから描画を選択します。表示されるペンツールを用いて、
色を着けながら描きます。描き終えたら写真を選択して削除します。このよう
に、ICT を活用して絵を描く経験をしたり、描いた絵を発表したり、共有し
たりする機会を重ねる過程で、絵を描くことが好きになることがあります（図
4−2）。

2　音や声による表現を支援するツール

　音や声で表現できる場合、音声入力の機能を使用して、音声でテキスト入力
をすることができます。入力ソースを英語等に切り替えることもできます。使
い方は、まず音声入力アプリを立ち上げ、マイクボタンを押して、声に出して
話します。話し終えたらキーボードボタンを押します。設定された書式がある
場合、音声入力で作成した原稿をコピー＆ペーストして完成させることになり
ます。

こんにちは。

図4-3　ICT を活用した音声入力

音声入力は、メモアプリ、「Gmail」や[5]、「Google Keep」等でも可能です（図4-3）[6]。ネット検索することもでき、時間の短縮になることがあります。

複数の画像や動画を保存する場合、パソコンの型番に合わせてメモリを増設するとよいかもしれません。増設用メモリを活用すると、作業環境が快適になります。

 註 ————————————————————————————————————

1) Drop Tap.
　URL: http://droptalk.net/?page_id=6496（accessed 6 February 2022）.
2) ロイロノート SCHOOL.
　URL: https://www.apple.com/jp/mac/garageband/（accessed 6 February 2022）.
3) Garage Band.
　URL: https://www.apple.com/jp/mac/garageband/（accessed 6 February 2022）.
4) Keynote.
　URL: https://www.apple.com/jp/keynote/（accessed 6 February 2022）.
5) Gmail.
　URL: https://www.google.co.jp/mail/help/intl/ja/about.html?vm=r（accessed 6 February 2022）.
6) Google Keep.
　URL: https://keep.google.com/（accessed 6 February 2022）.

第5章

遊び・レクリエーションを支援する
ICT の活用

　免疫が低下しているなどの理由で特に感染症を避ける必要がある医療的ケア
児者にとっては、外出することも容易ではありません。そのような場合、ICT は、
遊びやレクリエーションを楽しむための効果的なツールになります。遊びやレ
クリエーションを楽しむことは、子どもにとって大切な経験であるだけでなく、
生涯にわたり多様な力を育てる機会として尊重したいものです。

第1節　ICT を活用した遊び・レクリエーション

1　音楽や動画を楽しむ

　家庭やベッド上では、音楽や動画をコンピュータ（Media Player 等）やス
マートフォンで楽しむソフトウェアが活用されています。こうしたソフトウェ
アでは、音楽や動画を再生したり編集したりすることができます。

　費用の負担が生じますが、音楽や動画を購入してダウンロードしたり、コン
ピュータにダウンロードした音楽や動画をスマートフォンに転送したり、自分
で作成した音楽や動画をインターネット上にアップロードしたりして楽しむこ
ともできます。コンピュータ・グラフィックスや、音響効果、動きや傾きセン
サーを組み合わせるなどしたバーチャルリアリティ（VR）等を楽しむ子ども
もいます。擬似的に触覚を感じることができる手袋状の VR グローブや（図5
-1）、頭部に装着するヘッドマウントディスプレイ等の機器を合わせて活用し
て楽しむこともできます（図5-2）。

2　ゲームを楽しむ

　インターネットに接続し、遠隔地にいる複数のユーザーと同時に楽しむこと

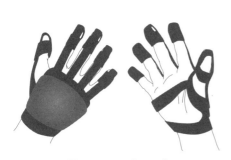

図5-1　VRグローブ

図5-2　ヘッドマウントディスプレイ

ができるオンラインゲームが開発されています。医療的ケア児者も、家族や多様な仲間とともにオンラインゲームを楽しむことができます（図5-3）。

　一般に人気のあるゲームのジャンルとして、アクションゲーム、シューティングゲーム、ロールプレイングゲームや、シミュレーションゲーム等が挙げられます。アクションゲームとは、ゲームのキャラクターをボタンやレバー等を通して素早く操作して得点や勝敗を競うもので、スポーツやレース等を題材としたものがあります。シューティングゲームは、道具等を用いて標的と戦うことを中心としたゲームです。ロールプレイングゲームには、キャラクターの成長といったストーリー性がみられます。シミュレーションゲームでは、例えば学校見学や授業体験、ドライブやフライト等の仮想体験を楽しむことができます。

図5-3　オンラインゲームを通して交流を楽しむ

3 クイズを楽しむ

　仲間と楽しめるレクリエーションのひとつに、クイズがあります。専用のアプリを使って端末に映し出された問題を読み、答えを選択して、解答します。利用者が問題を作成し、相互に出題することもできます。解答や出題を通して、交流や学習を楽しむことにつながります。

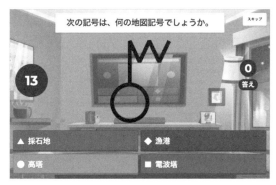

図5-4　Kahoot!

　学校等では、「Kahoot!」等が活用されています[1]。Kahoot! とは2013年にノルウェーで開発されたウェブアプリで、4択クイズなどをオンラインで行うことができ、11の言語に対応しています（2021年現在）。Kahoot! を活用する場合、まずログインし、「作成する」を押して、画面から新しい問題作成画面を選択します。問題作成画面が表示されたら、「Kahoot のタイトルの入力」を押して、タイトルを入力します。このとき、問題の公開範囲を選択でき、非公開にすることもできます。次いで問題作成画面の問題形式から、○か×かといった正誤問題等の出題方法を選択します。画面で問題を入力し、正答を設定します（図5-4）。すべての問題を入力し、画面の保存ボタンを押すと、設定した問題が保存されます。

　Kahoot! で出題されたクイズに解答する場合は、保存されたクイズをホームの「My kahoot」から選びます。「クイズ」を押して、立ち上がった画面にある「プレイ」、「教える」、「プレーヤーのデバイスに問題と答えを表示する」をオンに設定すると、参加者の端末に問題と解答が表示されるようになります。個人で取り組むクラシックモードか、チームモードを選択します。クラシックの選択ボタンを押すとゲーム PIN が表示され、www.kahoot.it からゲーム PIN、ニックネームを入力すると、クイズの参加画面が表示されます。スタートを押すとクイズが始まり、一問解答するごとに集団内の順位を確認することもでき

ます。結果発表の画面をスクリーンショット等で撮影して表示すると、例えばクラス全体で共有することもできます。集団全体では表彰の機能を活用して楽しむこともできます。

4　バーチャルツアーの作成・訪問・紹介

　訪問したい場所がある場合、バーチャル地球儀システム「Google Earth」_{グーグル アース}（2005）を活用すると、オンライン上でその場所に行くことができます。行きたい場所の名称や住所等を検索すると、周辺環境の画像を視覚的、立体的に楽しむことができ（図5-5）[2]、経路や距離等を調べることもできます。訪問したい場所が複数あれば、後述する方法でプロジェクト機能を活用して各地点をつなげ、コメントや写真等を加えると、行ってみたいツアーやお薦めツアーを作成したり、作成したツアーを他の人に紹介したりすることもできます。さらに訪問したい場所や周辺の環境等を調べて、具体的な訪問計画を立案し、作成した計画や報告を公開することができます。

　Google Earth の「プロジェクト機能」を活用するには、メニューから「プロジェクト」をクリックし、「作成」を押して、「Google ドライブでプロジェクトを作成する」を選択します。作成したプロジェクトファイルは Google ドライブ（オンラインのデータ保存先＝ストレージ）に保存されます。画面上に表示された「アイテムを追加」ボタンを押し、「検索して場所を追加」を選択し

図5-5　Google Earth を活用した学習

ます。上部の検索のウインドウに、訪問したい場所や施設の名称、住所等の
キーワードを入れて検索すると、Google Earth の画面が検索した場所にとび
ます。検索ウィンドウに表示された「プロジェクトに追加」を押し、保存時の
名前と保存するプロジェクト名を確認して「保存」ボタンを押します。

　訪問したい場所や施設等が複数ある場合、この作業を繰り返すことで、検索
した場所を次々とつなげることができます。訪ねたい場所のツアーや、お薦め
ツアーなど、子ども一人ひとりの希望や好みに応じてツアープログラムを作成
することができるので、主体的に活動や体験に参加することができます。ツ
アーが完成したら、「プレゼンテーションを開始」を押して発表し、参加者間
で共有することもできます。

5　タイマーの活用

　楽しく作業をしていると、時間が経つのを忘れてしまうことがあるかもしれ
ません。生活リズム等に配慮して、長時間使用し過ぎることを避けたい場合に
も、ICT を活用することができます。活用しやすいのは、オンラインで提供
されているタイマーです。好みや状況に応じて多様な音を選択することができ、
BGM を活用することもできます。

　学校で活用されているタイマーとして、「Classroomscreen」(Classroom
B.V.) が挙げられます[3]。Classroomscreen は、大型提示装置と合わせて活用
することもできます。参加者のランダム指定機能（参加者をランダムに選択する
機能）、サイコロ（教育や学習にサイコロの目を活用する機能）や、カレンダー機
能等が活用されることもあります。

　Classroomscreen を活用する場合、アプリを開いて「今すぐ起動」を押しま
す。メニューバーから「タイマー」を選
択してタイマーを表示します。音符ボタ
ンを押してタイマーの音を選び、音量を
調整します。スタートボタンを押すと、
タイマーが開始します。タイマーが作動
すると、円グラフに経過時間が表示され

図 5-6　Online-Stopwatch

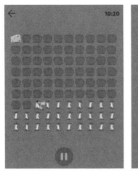

図5-7 ねずみタイマー（LITALICO）

るので、時間を感覚的に理解することもできます。

タイマーのアプリとしては、他に、「Online-Stopwatch（Webでストップウォッチを表示するサイト）」（前頁図5-6）や[4]、「ねずみタイマー（時間の長さをねずみがリンゴをかじる表現で伝えるタイマーアプリ。LITALICO, 2017)」（図5-7）等が活用されることがあります[5]。

第2節　ICTの活用の実際

医療的ケアを必要とする子どもたちの遊びやレクリエーションにおいても、ICTは多様に活用されています。以下では、代表的な活用の実例を挙げます。

1　絵本を楽しむ

子どもたちは絵本が大好きです。絵を楽しんだり、お話の内容や表現を感じたり、読み聞かせをしてもらう雰囲気を味わったりするといった、多様な楽しみ方があります。

さらにICTを活用すると、絵本との新しい出会いが得られることがあります。子どもが描いたイラストを主人公にしたデジタル絵本をアニメ作成ソフト（CLAYTOWN〔セルシス, 2003〕等）、パワーポイントや、iMovie等を活用して作成し、あるいは作成を支援して、作品や読み聞かせをタブレット等で一緒に楽しむことができます。

絵本は教材等として学習支援にも役立てられています。特に、デジタル絵本は、色や明るさ、めくりやすさ等にわたるユニバーサルなデザインを実現し、絵本へのアクセシビリティを発展させることにも期待されています。学校等で

図5-8　マルチメディア DAISY 教材を活用して学校図書を楽しむ

は、視覚障害のある子どもなど、印刷物で提供される図書や情報では読むことができない人々に向けて、マルチメディア DAISY（Digital Accessible Information System: アクセシブルな情報システムと訳される。多くは CD-ROM で製作されパソコンで再生する音声教科用図書）の教材も活用されています（図5-8)[6]。

2　新聞を読む

　子どもたちも年長になると、新聞にふれる機会があるかもしれません。新聞には、子どもを対象に発行されているものもあります。新聞を読む場合にも、ICT が活用されることがあります。

　文字を読むことが難しくても、デジタル版の新聞の読み上げ機能を活用すると、親しみやすくなります。アクセシビリティ機能として、ボイスオーバー機能（端末画面上の操作や表示を読み上げてくれる機能）を活用して、操作することができます。また紙媒体の新聞紙でも、「Microsoft Lens」等のアプリを活用して、新聞紙の読みたい記事や紙面等を写真撮影し、OCR（印刷された文字をテキストデータに変換する）機能を用いてテキストファイルに変換し、読み上げ機能を活用することもできます[7]。

3　作品をつくる・撮影する・発信する

　医療的ケアを必要とする子どもたちも、日常の生活の様子や身の回りで起き

図5-9 在宅でWeb Pageを作成する

た出来事や、学校での旅行や家族旅行等で訪ねた場所等を、写真や動画で撮影して保存し、見返して楽しんでいます。特に、新型コロナウイルス感染症の感染拡大以降には外出や交流が制限される傾向にあり、保存したデータを繰り返し視聴したり、加工して保存したり発信したりする活動は、人や社会との相互的な関係において学び育つ貴重な機会になりました。

　写真をデジタルカメラやスマートフォン等で撮影した場合、写真をそのまま楽しむだけでなく、グラフィックソフトやアプリを活用して画像を加工・合成したり、写真の上にイラストを描いたりして楽しむこともできます。グラフィックソフトは、スマートフォンのカメラ機能に内蔵されているものや、ダウンロードして使用するアプリなどがあります。また、画像をテキストなどと合わせてレイアウトするグラフィックソフトを活用すると、自身の作品や活動を案内するポスターやプログラム等の作成も可能になります。

　動画の編集ソフトを活用すると、イラストや写真等の画像、映像やアニメーション等の動画、音声等のデータを統合して、映像作品を作成することができます。

　Web Page 作成ソフトを活用して、Web Page を作成し、写真や動画等を発信することもできます。代表的な Web Page 作成ソフトとして、HTML タグの知識がなくても使える「ホームページ・ビルダー」（ジャストシステム, 2010）等が活用されています（図5-9）。

註 ──

1) Kahoot!.

URL: https://kahoot.it/（accessed 6 February 2022）.

2) Google Earth.

URL: https://www.google.co.jp/intl/ja/earth/（accessed 6 February 2022）.

3) Classroomscreen.

URL: https://classroomscreen.com/（accessed 6 February 2022）.

4) Online-Stopwatch.

URL: https://www.online-stopwatch.com/（accessed 6 February 2022）.

5) ねずみタイマー.

URL: https://app.litalico.com/mousetimer/jp.html（accessed 6 February 2022）.

6) マルチメディアデイジー教科書.

URL: https://www.dinf.ne.jp/doc/daisy/book/daisytext.html（accessed 6 February 2022）.

7)（Android 版）Microsoft Lens.

URL: https://support.microsoft.com/ja-jp/office/android-%E7%89%88-microsoft-lens-ec124207-0049-4201-afaf-b5874a8e6f2b（accessed 6 February 2022）.

（iOS 版）Microsoft Lens.

URL: https://support.microsoft.com/ja-jp/office/ios-%E7%89%88-microsoft-lens-fbdca5f4-1b1b-4391-a931-dc1c2582397b（accessed 6 February 2022）.

（Windows 版）Microsoft Lens.

URL: https://support.microsoft.com/ja-jp/office/windows-%E7%89%88-office-lens-577ec09d-8da2-4029-8bb7-12f8114f472a（accessed 6 February 2022）.

第**6**章

人や社会とのつながりを支援する ICT の活用

人と社会とがつながる機会は、教育・学習、表現すること、また遊びやレクリエーションを通してなど、様々な場面でみられます。今日では、人と社会とのよりよいつながりのために、ICT が活用されています。医療的ケア児者やその家族の、人や社会とつながりたいというニーズを支援するツールも開発されています。ICT を活用した支援や活用の実際について学び、よりよい活用や支援のあり方について考えてみましょう。

第 1 節　ICT を活用した人や社会とのつながりを発展させる支援

　新型コロナウイルス感染症の国際的な感染拡大以降、人とのかかわり方は大きく変化してきました。そのなかで、ICT を活用した人や社会との多様なつながり方も広がっています。とりわけ、普段から感染予防のために外出等が容易ではない医療的ケア児者にとって ICT は、在宅等においても多様なコミュニケーションを実現し、発展させることを可能にする心強いツールでもあります。

1　音声通話・ビデオ通話・チャットツール

　日常的に活用されている ICT として、インターネット等のネットワークを通して「インスタントメッセージソフト」を活用する、チャットツールがあります。コンピュータに Web ブラウザがあれば、チャットを利用できます。チャットでは、インターネット上で複数の参加者が、リアルタイムに文字列で会話することができます。参加者が入力した文字列は時系列順にモニターに表示されます。「Skype」（Skype Communications, 2003. 2011 年より Microsoft）や[1]、

「Slack」（Slack Technologies, Inc., 2013）[2]、
「iMessage」（Apple）等が活用されてい
ます（図6-1）[3]。

図6-1　iMessage の手書きボード
　　　機能を活用したメッセージ

　チャット機能だけでなく、テレビ電話
等の機能を使い、Web カメラで撮影し
た映像や音声等の動画をリアルタイムで
配信することもできます。インターネッ
ト上で同じアプリケーションソフトを利
用していれば、リアルタイムで気軽に
メッセージを交換するインスタントメッ
セージを活用することもできます。

「Skype」や、「Google Chat」等が活用されています（図6-2）[4]。

　学校等で人とのつながりを通した学習を支援するツールとして、「Google
Jamboard」があります[5]。Google Jamboard では、自分の考えなどを付箋に
書き込み、データを移動したり共有したりすることができ、保存したデータは
いつでも確認することができます。考え等に応じて付箋を色分けすれば、考え
の違いやその傾向を視覚的に、よりわかりやすく示すことができます。内容や
参加人数に応じて、複数の Jam（プロジェクトファイル）を用意することもで
きます。

　使用方法は、まず Google
Jamboard を起動し、画面に表示
される「＋」を押して、Jam を作
成します。フレームが立ち上
がったら、ツールバーの図形
ツールを使って、枠を作成しま
す。画面の三点リーダーの「そ
の他」の操作ボタンから、フ
レームを画像として保存すると、
参加者が画面の枠に触れても枠

図6-2　リアルタイム配信を活用した
　　　クラスの友だちとの交流

図6−3　Google Jamboard を活用した学習

が移動しなくなります。画面に保存された背景画像がダウンロードされたら、画面に表示された背景設定を押し、画像を選択して、立ち上がった画面の中央に、ダウンロードしていた背景画像をドラッグ＆ドロップします。これで作成した枠が背景画像として固定されますので、はじめに図形ツールで作成した図形を削除して、枠を完成させます。

　枠をグループごとに作成する場合、コピーをして増やし、画面のフレームバーの展開ボタンを押して、三点リーダーから「コピーを作成」を選択して枠のコピーを繰り返すと、必要な数の枠を作成することができます。「画面の共有」を押し、参加者を「編集者」に設定して共有すると、参加者が共同編集できるようになります。Google Chrome を活用している場合、画面上で右クリックすると、そのページの QR コードを作成することができるので、作成した QR コードを読み取ることもできます。参加者が画面を共有すると、端末に作成した Jam が表示され、集団ごとにどの番号の枠を使用するかを割り当てることができます。参加者は、ツールバーから「付箋ツール」を選択し、考えを表明します。付箋は同じ場所に貼り付けられるので、移動すると付箋が重なることなく、すべての考えや全体を共有しやすくなります。類似の意見を同じ色に変更して分けることもできます。

　Google Jamboard は、学校等では、ホワイトボードのように活用されることもあります。考えたり、表現したり、共有したりするだけでなく、内容の全体や一部を書き写したり、保存したりすることができるので、後で確認することにも役立ちます（図6-3）。

2 質問・アンケートツール

　人や社会とつながるうえで、相手の考えを知るための質問やアンケートを活用することもできます。オンライン上で広く使用されている質問・アンケートツールとして「Google Forms」があります[6]。質問や回答の選択肢などを設定したフォームを作成し、オンラインで共有して回答を集計することができます。「Google Forms」を使う場合、まず Google Forms を立ち上げ、「新しいフォームを作成」の「空白」を選択します。タイトルと説明を入れて、質問を入力し、設問形式（記述式、ラジオボタン、チェックボックス、プルダウン等）を選びます。設問を追加したり、設問に画像や動画を挿入したりすることもできます。

　回答されると、メールで連絡が来るように設定することも可能です。設定するためには「質問」タブから「回答」タブに移動し、三点リーダーを押して、「新しい回答についてのメール通知を受け取る」設定をします。また、回答の一覧を表示するスプレッドシートを作成すると、送られた質問を確認しやすくなります。同じく「回答」タブで「新しいスプレッドシートを作成」を押すと、スプレッドシートが開きます。

　相互に問題なく活用できるように必要に応じてルールを設定したり、入力することが少ないフォームを設定したりすると、相互の負担を軽減することもできます。

　質問フォームのテンプレートは、組織内等で共有することもできます。共有するには、Google Forms の画面の「送信」ボタンを押します。リンクが表示されたら、メールや Google Classroom（第7章参照）等で、リンクを参加者と共有します[7]。

　ある集団の全体的な意見の傾向を把握したい場合、AI による分析を活用することもできます。例えば、ユーザーローカル社等のテキストマイニングツールでは、回答のなかで頻出された言葉や、感情等にかかわる表現を抽出して分析します。使用方法は、まず「Google Forms」等で収集したテキストデータをスプレッドシート等で確認し、回答者の意見や感想が表現されている列等を選択してコピーします。コピーしたテキストをテキストマイニングツールに

ペーストします。次に「テキストマイニングする」を押すと、抽出された表現の使用回数が文字の大きさや位置に反映された視覚的データである、ワードクラウドが表示されます。AIによる分析に基づいて数行程度に要約することもできます。

こうした作業により、自分自身の考えの傾向や独自性を知ることができます。また、得られたデータを活用して、集団全体や他の回答者の傾向や集団の強みや改善点を知り、活動の発展に役立てたりすることもできます。さらに、質問や回答の過程を通して様々な情報が得られることにより、新たなつながりが生まれる場合もあるでしょう。

学校等では、一人ひとりが多様な考えを表明しやすくなり、より多くの人が参加しやすくなる関係性や仕組みづくりを促し、発展させるためのひとつの方法として、このようなツールを活用することができるかもしれません。

なお、Google Formsは、第2節（2）で後述するように、アンケートツールとしても活用されます。

第2節　ICTの活用の実際

1　オンライン（Web）会議

人や社会とつながるために、オンライン（Web）会議サービスが活用されることがあります。ネットワークを活用して離れていても相互に顔を見ながらやり取りでき、リアルタイムで双方向に音声やビデオを送受信しながら話したり検討したりすることができます。

学校等では、以下のICTツールが活用されています。

（1）オンライン会議サービス

1）Microsoft Teams（Microsoft、2017）[8]　「Microsoft 365」のソフトウェアのひとつとして利用されています。必要に応じて、参加者全体の様子を相互に共有しながらやり取りが進められます（図6-4）。

2）Google Meet（Google、2020）[9]　「Google Workspace」のソフトウェアのひとつとして利用されています。遠隔にいてもリアルタイムで、音声や映像の

図6-4　オンライン（Web）会議

図6-5　オンライン（Web）授業

図6-6　オンライン（Web）交流学習

双方向のやり取りができます（図6-5）。

　3）Zoom（Zoom Video Communications, 2013)[10]　　ビデオ会議専用のサービスです。時間や機能に制限がありますが、無償のアカウントで利用することができます。他校の子どもたちとの交流学習にも ICT ツールが活用されつつあります（図6-6）。活用したい時間や機能に応じて、有償の拡張機能を利用することもできます。

　4）Cisco Webex（Cisco Systems, Inc.)[11]　　ビデオ会議専用のサービスです。子どもの多様な表現を通したやり取りが可能です。無償のアカウントで接続できますが、会議を主催する場合、有料のアカウントが必要です。

図6−7　Webカメラとヘッドセット

(2) Web 会議で使用されるツール

Web 会議用ソフトを使用する際、環境に応じて、以下の準備や設定が必要な場合があります。

1）Web カメラ　　コンピュータに内蔵されたカメラの他、外付けの Web カメラを活用することができます（図6−7）。機能によりバーチャル背景を活用できる場合があり、必要に応じて背景をデザインしたりプライバシーを保護したりすることができます。バーチャル背景では、画像だけでなく動画を表示することもできます。

2）イヤフォンマイク、ヘッドセット　　会話の音声を拡散させたくない場合や、会話をクリアにしたい場合などに、イヤフォンマイク、ヘッドセットを活用することができます（図6−7）。その他、周囲に音響機器がある場合、ハウリングを予防するために活用されることもあります。

3）Web 会議用スピーカーマイク　　スピーカーとマイクが一体化された機器です（図6−8）。複数の人々が1つのコンピューターで Web 会議に参加する場合等に活用することができます。

4）グリーンバック　　自室等以外の背景を合成して表示させたい場合や、人物と背景をよりきれいに合成したい場合には、緑色のスクリーン（グリーンバック）を背景にして人物を撮影し（図6−9）、次いで緑色の部分を削除して人物のみの映像を作成し、別の映像を合成するグリーンバック合成（クロマ

図6−8　スピーカーマイクを活用して表現する

図6−9　学校におけるグリーンバックの活用例

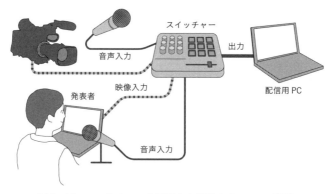

図6-10　ソフトウェアを活用した学校からのライブ配信

キー合成）という方法があります。

　Zoom 等のビデオ会議システムを使用する場合は、提供されている背景変更機能を活用することもできます。

　5）映像・音声のスイッチャー　　例えばビデオ会議などで、カメラやコンピューターなどの画面ソースを複数使用する場合、また話し手が利用するマイクなどの音声ソースが複数ある場合、ソースをスムーズに切り替えたいときは、映像・音声のスイッチャーを利用します（図6-10）。

　同様の処理ができる、OBS（Open Broadcaster Software）Studio 等のソフトウェアも活用されています[12]。

2　アンケートの作成と実施

　アンケートを作成したり、実施したりする際にも、ICT ツールが活用されています。一般に活用されることが多いのは「Google Forms」です。アンケートをわかりやすくするために、画像や動画を追加することもあります。Google Forms では、回答をリアルタイムに確認したり、ソフトウェアを活用して回答を分析したりすることができます。

　学校では、「Mentimeter」（Presentation software, 2014）が活用されることがあります[13]。「Mentimeter」を活用する場合、初回は Sign up からユーザー

登録し、ログインします。表示された「New presentation」を押します。プレゼンテーションの名前を付け、グラフの形式を選択します。数の比較であれば棒グラフ、推移を比較するなら折れ線グラフ、割合を比較するのであれば円グラフを選択することが一般的です。質問したいことを「Your question」に、選択肢を「Option」に入力します。入力すると、自動で保存されます。「Share」ボタンを押してアンケート画面へのリンクをコピーし、参加者に送ります。リンクは、電子メールや、「ロイロノート」等で送ることもできます[14]。参加者は端末でリンクを押し、表示されたアンケートに回答を入力します。回答後に「Submit」ボタンを押すと、アンケート発信者の端末に、結果がリアルタイムで反映されます。回答結果は、大型提示装置で表示して共有することもできます。

　意見を収集し、収集された意見に基づいて表現すること等を通して、人や社会とのつながりを発展させることが期待されます。意見を集団で共有し、集団の活動に役立てることにより、集団の一員としての意識や集団への参加意識が高まることがあります。

3　利用者等のリストの作成

　利用者等のリストを作成する場合にも、データベースソフト等のICTを活用することができます。学校等で活用されるものとして、データ量が多くても行、列や、文字数に影響しにくい「Microsoft Access（アクセス）」等が挙げられます[15]。Accessには、データベースの作成の他に、データを管理し運営する仕組みを備えており、複数の人が利用しても不正なデータの入力やデータの矛盾が生じないように処理する機能があります。

 註

1）Skype. URL: https://www.skype.com/ja/（accessed 6 February 2022）.
2）Slack. URL: https://slack.com/intl/ja-jp/（accessed 6 February 2022）.
3）iMassage.

URL: https://support.apple.com/ja-jp/HT207006（accessed 6 February 2022）.

4）Google Chat.

URL: https://workspace.google.co.jp/intl/ja/products/chat/（accessed 6 February 2022）.

5）Google Jamboard.

URL: https://edu.google.com/intl/ALL_jp/products/jamboard/（accessed 6 February 2022）.

6）Google Forms.

URL: https://www.google.com/intl/ja_jp/forms/about/（accessed 6 February 2022）.

7）Google Classroom.

URL: https://edu.google.com/intl/ALL_jp/products/classroom/（accessed 6 February 2022）.

8）Microsoft Teams.

URL: https://www.microsoft.com/ja-jp/microsoft-teams/group-chat-software（accessed 6 February 2022）.

9）Google Meet.

URL: https://apps.google.com/intl/ja/meet/（accessed 6 February 2022）.

10）Zoom.

URL: https://explore.zoom.us/ja/products/meetings/（accessed 6 February 2022）.

11）Cisco Webex.

URL: https://www.webex.com/ja/video-conferencing.html （accessed 6 February 2022）.

12）OBS Studio.

URL: https://obsproject.com/ja/download（accessed 6 February 2022）.

13）Mentimeter. URL: https://www.mentimeter.com/（accessed 6 February 2022）.

14）ロイロノート SCHOOL.

URL: https://loilonote.app/login?hl=ja-JP（accessed 6 February 2022）.

15）Microsoft Access.

URL: https://www.microsoft.com/ja-jp/microsoft-365/access（accessed 6 February 2022）.

第7章

考えや活動等の発信を支援する
ICT の活用

　移動したり活動したりすることが難しい場合でも、ICT を活用すると、より広範囲に考えや活動等を発信することができます。ICT を活用して発信する際には、個人情報を保護しプライバシーを侵害することがないように留意するなど、慎重に活動することが求められます。

第 1 節　ICT を活用した考えや活動等の発信

　医療的ケアを必要とし、感染症の拡大の影響が心配されるなどして移動や交流に制限される傾向があっても、ICT を活用することで、自分の考えや表現、活動内容等を発信することができます。本節では、Web カメラで撮影した動画や音声等を用いてコンテンツを作成し、発信する方法を取り上げます。

1　SNS を活用した発信

　伝えたい内容を画像や動画にすると、SNS（ソーシャル・ネットワーキング・サービス）等で発信することができます。SNS に投稿すると、内容を繰り返し多くの人と共有し、拡散することができます。画像や短い動画の投稿には、「インスタグラム」等の SNS が広く活用されています（図7-1）[1]。インスタグラムは、「インスタ映え」といわれるように、Twitter やFacebook といった他の SNS と比較して、テキストよりも画像や動画の注目度が高く、積極的に投稿されています。使用方法は、スマートフォンで

図 7-I　SNS を用いた環境啓発（さいたま市インスタグラムより）

撮影した画像・動画を、適宜加工して投稿します。他の SNS と同様、ユーザー（フォロワー等）とコミュニケーションをとることもできます。複数の種類の SNS を連動させることも可能です。

2　動画の作成・共有

（1）ロイロノート・スクール

学校等で動画を作成する場合、「ロイロノート・スクール（ロイロノート）」等が活用されています[2]。カメラ機能（ビデオ）で動画を作成したり、カメラ機能（写真）を活用して撮影した写真をカードとして取り込んで、動画を作成したりすることができます。カメラ機能（写真）で撮影した画像内に説明文を補足することもできます。文章を表示したカード、写真、動画を、矢印でつなげることもできます（図7−2）。動画等を大型提示装置で再生すれば、集団で共有することもできます。自分の考えや活動内容を集団全員に発信することもできますし、個別に特定の相手へ送信することもできます。発表の内容に応じて、動画の時間を短めに設定すると、集中力が持続しやすくなるようです。

（2）iMovie

本格的な動画を簡単に作成したい場合、「iMovie」（Apple）を活用することができます[3]。「iMovie」では、テンプレートを利用して、本格的な形式の動画を作成することができます。「予告編」の機能を活用し、タイトルやクレジットを入力し、準備した写真やビデオを絵コンテに加えると、オープニングから展開部、そしてエンディングにわたる、1分間程度の動画を簡単に作成することができます。

（3）動画の共有

作成した動画データ自体を共有することもできますが、動画のQRコードを作成し、資料やWebサイト等にリンクを添付すると、より簡単に幅広く発信・共有する

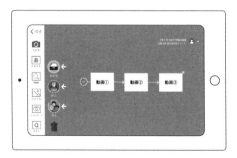

図7−2　ロイロノートで複数の動画をつなぐ

ことができます。QR（Quick Response）コードとは、データを高速で読み取る二次元コードで、QRコードリーダーでスキャンすると動画をブラウザで再生することができます。

「Flipgrid（Flip)」（提示された課題に対して、動画でレスポンス・コメントを行う、動画を使った教育用SNS）というサービスでは、動画を投稿すると、自動的にQRコードが発行されます[4]。QRコードの画像をダウンロードして資料に配置し印刷すれば、動画QRコードのついた資料を作成することができます。

動画を撮影する場合、「Flipgrid（Flip)」を開き、画面のメニューから「Shorts」をクリックします。「Shorts」をクリックして、「Record a Short」をクリックすると、「Flipgrid（Flip)」のカメラが起動し、動画を撮影して投稿することができます。投稿が完了すると、一覧に動画が表示されます。「Add a title」をクリックして動画のタイトルを付けておくと管理しやすくなります。QRコードを発行したい場合には、動画をクリックして、「Details」を表示します。「Share」をクリックすると共有方法を選択する画面になります。画面のアイコンをクリックするとQRコードが発行されるので、画像をコピーするか、ダウンロードして資料にペーストします。

3 考えたことを表現し記録する

(1) ロイロノート・スクール

「ロイロノート・スクール（ロイロノート)」では、意見を表明することができます。まず、話し合うテーマをカードに入力します。画面の＋ボタンを押して、「カードinカード」にして回答記入欄にします（図7-3)。カードの中のカードを長押ししてピン留めし、固定します。カードを配布し、提出箱を作成して、締め切りを設定します。締め切り後に、「回答共有する」を押して、参加者の意見を共有します。共有後に、気付いたことや考えたことを色を変えて入力することもできます。意見を表明したり、共有したりすることにより、他の意見があることを知ったり、自分の意見について考え直したり、他の人との関係を深めたりすることができます。

学校や地域等の活動の報告や組織の記録を配信する場合も、「ロイロノート」

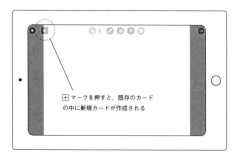

図7-3　ロイロノートでのカード in カードの作成

や、「Google Classroom」（クラス単位で生徒や学習内容を運営・管理できるオンライン学習システム）を活用して資料を作成することができます[5]。紙媒体の印刷物よりも文字や絵が鮮明になるため見やすく、写真もカラーで表示でき、表現したい内容に応じて文字を最小限にしたり、図や動画を加えることもできます。写真には吹き出し等を加えることもできます。一般的に使用されている「Microsoft Word」の他、「Google ドライブ（Drive）」[6]等の好きなツールで作成することができます。手書きの文書をスキャナーでスキャンして活用することもできます。タブレットのメモ機能の「書類をスキャン」を使うと、歪み等を補正できます。配信する際は、作成した資料を PDF 形式で保存し、PDF を「ロイロノート」に取り込んで配信します。

（2）プレゼンテーションソフト

考えたことや活動の様子等を表現するために、プレゼンテーションソフトが活用されることもあります。例えば、「Google スライド（Slides）」等を活用することができます[7]。

Google スライドでは、「画面の共有」をクリックし、ユーザーやグループと共有の設定を開きます。「画面の変更」をクリックして、共有相手を組織内か全員に設定し、権限を編集者に変更して、「リンクをコピー」をクリックします。コピーしたリンクを送信し、開くとファイルを共同して、同時に編集できるようになります。一覧表示にすると、一覧に表示された活動の様子をリアルタイムで確認することができます。

（3）文章にまとめる

書くことを中心に発信したい場合には、ブログ（主に個人や少人数で運営され、画像や文章で構成された記事を時系列で公開する日記風 Web サイト）を通して、意見や活動等を発信することができます。設置した自分のブログに意見を投稿

するだけでなく、他の人のブログにコメントを寄せたりして、コミュニケーションを図ることができます。また、「note」（一般的なブログに比べ文章を書くことに特化し、広告収益ではなく配信コンテンツ自体を有料販売できるサービス。note、2020）を活用することもできます[8]。「note」を活用する場合、アカウントに登録します。登録すると認証メールが届き、指示に基づいてクリックすれば開始することができます。

4　Web サイトをつくる

　複数の人で情報を共有する場合、Web サイトの作成と共同編集ができる「Google サイト（Sites）」等を活用方法もあります。Web サイトを立ち上げて、情報を限定的に公開するという方法です[9]。サイト作成・編集の参加者は随時更新でき、参加者によってサイトを発展させることができます。サイトの公開後にも、内容を修正・更新することも可能です。

　「Google サイト」を活用するには、まず Google サイトを立ち上げ、必要であればサイトのテンプレートから 1 つを選択します。空白から自由に作成することもできます。テンプレートを選択すると、サイトの大枠のデザインができ、タイトルを入力するなどして作成を進めます。文章を入れる場合は、テキストボックスを選んで入力します。写真とテキストを入れる場合、レイアウトを選んで挿入します。カレンダー、地図、YouTube 等の動画を挿入することもできます。その際、著作権や肖像権等を侵害しないように留意する必要があります。プレビューにより、公開された場合の確認ができます。

　作成が完了したら、ウェブアドレスの欄に入力して URL を設定し、公開範囲を決めて公開ボタンを押します。公開範囲を限定すると、検索エンジンにはかからないようにでき、個人情報等にも配慮できます。ネットで発信した情報は拡散される可能性があるため、公開してよいかを事前に十分に検討することが求められます。

5　教育向け SNS を活用した国際交流

　動画発信を通して国際交流を行うこともできます。時差を気にすることなく

準備の過程から交流を支援するために、「Flipgrid（Flip）」が活用されることがあります[10]。Flipgrid（Flip）とは、教育向けの動画投稿 SNS で、クラスや学校内など、限られたメンバー間で動画を簡単に共有することができるサービスです。主に英語圏で活用されていますが、翻訳の機能を活用して相手の表現を理解することもできます（後述）。

「Flipgrid（Flip）」を活用する場合、交流用のトピックを作成します。英語で説明を書き、必要に応じて日本語を併記します。ゲストパスワードを設定して、相手と交流できるようにします。モデレーションをオンにすると、投稿内容を確認してから表示できるようになります。質問の内容に合わせて、録画時間を変更します。クローズドキャプションを English に設定します。投稿された動画の再生画面でイマーシブリーダーをクリックすると、認識された英文が表示されます。環境設定をクリックして、日本語を選択すれば翻訳でき、大まかな内容を理解することができます。Flipgrid のコンテンツのひとつである「Grid Pals」には、交流を希望している世界中の教職員のデータが公開されており、学校等で活用されることがあります[11]。地図上のアイコンをクリックすると、校種や教科等の情報を確認することができます。表示されているSNS を通してメッセージを送ることができます。交流希望のメッセージを送ってもすぐに返事がこないこともあるかもしれません。時差や文化の違いなどの背景を念頭に置きつつ、繰り返して連絡してみるとよいでしょう。

第 2 節　ICT の活用の実際

1　資料や作品等のデジタル化

　ICT を活用して発信するにあたり、手書きの資料やこれまでに作成した作品等をデジタル化する必要があることがあります。デジタル化した資料や作品は、より広範囲に発信することができ、より多様な人々と共有することができます。多くの場合、管理も容易になり、長期間活用することができます。

　デジタル化した資料等を PDF 化する場合、ファイルを押し、エクスポートを選択して、PDF/XPS ドキュメント作成のコマンドを押します。保存先を選

択して、ファイルの種類として PDF を選択すると PDF ファイルを作成することができます。iOS11 以降搭載の iPad では「メモ」アプリケーションのスキャン機能を活用して書類を読み込み、PDF として保存することができます。PDF や、One Note 等に保存しておくと整理がしやすくなります[12]。

　学校では、「ロイロノート」で資料や作品等を撮影し、画像を資料箱等に保存しておき、適宜大型提示装置で掲示したり、子どもたちに画面配信して資料を共有したりすることもできます。紙媒体のノート、プリントや作文などもスキャナで読み込むと、PDF や画像に加工することができます。実物をデジタル機材で写真や動画等に撮影し、保存して、活動の記録等として配信されることもあります。

2　記事の作成・編集

　学級通信等において子どもたちと発信したい記事を作成したり編集したりする場合、ICT を活用すると、参加者間で役割を分担し、連携・協働して発信することができます。作成や編集の過程や内容を相互に確認し、相談したり協力したりしやすくなることで、できることを伸ばしたり、苦手なことを育てたりする機会になることにも期待されます。学校等では、「Google ドキュメント (Docs)」等を活用し、大型提示装置で表示して、過程や結果を共有し、学び合うこともあります[13]。

　「Google ドキュメント」を活用する場合、「新しいドキュメントを作成」から、「空白」を選択し、作成した記事や資料をドキュメントに貼り付けます。「共有」ボタンを押し、「リンクを知っている全員」の役割を「編集者」に設定してリンクを共有すると、メンバー内で共同編集することができます。

　Google ドキュメントには、ブラウザのタブを切り替えなくても Google ドキュメント上で検索が利用できる、「データ検索」という機能もあります。Google ドキュメント画面の右下のアイコンを押して起動し、検索したいワードを入力して使用します。調べた用語の横にある「"」をクリックすると、URL 等が自動的に脚注としてドキュメント下部に表示されます。検索サイトに関して、学校等では情報を適切に活用して学習する観点から、主に日本政府

（@go.jo）や地方公共団体（@lg.jp）等の公的な機関や、専門機関のドメイン名が付いているサイトを活用することが多いようです。

3 新聞の発行

ICT ツールを活用して、新聞を作成することもできます。学校では、文章やイラスト等を使った記事の作成、紙面構成、また編集作業の分担もできる「ロイロノート」が活用されています。

ロイロノートの「カード in カード」機能（1枚のカードをドラッグして別の1枚の上にドロップすると、2枚のカードの1枚の上に別の1枚を重ねることができる）を活用して、自由に記事をレイアウトできます。手書きの文章を記事に部分的に挿入することもできます。カードを押すとテキスト入力ができ、PDFや、写真等を加えることができます。「縦」を選ぶと、縦書き入力もできます。表現や構成等の加筆修正、縦書きか横書きかの設定、大きさや色の調整等の作業も、容易に進めることができます。

ロイロノートを活用すると、複数の参加者で共同して作成することもできます。一人ひとりに担当する紙面を割り当て、自分のペースで作業を進めて編集し、投稿するという方法です。教員や特定の担当者が編集する場合は、各記事を添削・校正して返却することもできます。例えば学級新聞を作る場合、興味・関心ごとにグループをつくり、グループ内で役割を決めて作業を進めることもできます。わかりやすい表現や内容、構成等を共同して検討することもできます。

メンバー間でやり取りするには、「生徒間通信機能」を使います。「生徒間通信」をクリックして、鍵マークを開けると、通信が可能になります。メンバーに記事などを送りたい場合は、「送る」を押し、カード送り先選択画面から送信する相手を選んで「送る」を押します。受信側では、送られてきたカードを長押しして変形等の機能を表示させ、カードの端を動かして形や大きさを調整し、紙面にレイアウトします。

完成した記事・新聞を提出箱に入れて提出・共有すれば、自分の端末でいつでも読むことができます。学校間等で配信したり、印刷したりすることもでき

ます。

4　データベース化

　「Google フォーム（Forms）」等の ICT ツールを活用して、作品や活動の記録等をデータベース化することができます[14]。

　Google フォームを開き、新しいフォームを作成します。回答形式の選択欄から、「ファイルのアップロード」を選択し、投稿できるファイル形式、数、最大ファイルサイズを設定します。なお、ファイルをアップロードする回答者は Google へのログインが必要となります。

　アップロードされたファイルの一覧を表示するには、編集画面で「回答」を開き、「新しいスプレッドシートを作成」を選択します。スプレッドシート上では、アップロードされた画像がリンクとして挿入され、リンクにマウスポインタを載せると画像がポップアップされます。リンクをクリックすると画像が新しいタブで開きます。ここから画像をダウンロードすることもできます。

 註

1）さいたま市環境教育 Instagram.
　　URL: https://www.instagram.com/saitama_kankyo/?hl=ja（accessed 6 February 2022）.
2）ロイロノート SCHOOL.
　　URL: https://loilonote.app/login?hl=ja-JP（accessed 6 February 2022）.
3）iMovie.
　　URL: https://www.apple.com/jp/imovie/（accessed 6 February 2022）.
4）Flipgrid. Add members by username or QR code.
　　URL: https://help.flipgrid.com/hc/en-us/articles/360007563854-Add-members-by-username-or-QR-code（accessed 6 February 2022）.
5）Google Classroom.
　　URL: https://edu.google.com/intl/ALL_jp/products/classroom/（accessed 6 February 2022）.
6）Google ドライブ（Drive）.
　　URL: https://www.google.com/intl/ja_jp/drive/（accessed 6 February 2022）.
7）Google スライド（Slides）.

　　URL: https://www.google.com/intl/ja_jp/slides/about/

8）note.

　　URL: https://www.help-note.com/hc/ja/categories/360001078693-note%E3%81%AB%E3%81%A4%E3%81%84%E3%81%A6（accessed 6 February 2022）.

9）Google サイト（Sites）.

　　URL: https://sites.google.com/new?hl=ja&tgif=d（accessed 6 February 2022）.

10）Flipgrid.

　　URL: https://info.flipgrid.com/（accessed 6 February 2022）.

11）Grid Pals.

　　URL: https://info.flipgrid.com/blog/tips/gridpals.html（accessed 6 February 2022）.

12）One Note.

　　URL: https://www.onenote.com/hrd?omkt=ja-JP（accessed 6 February 2022）.

13）Google ドキュメント（Docs）.

　　URL: https://www.google.com/intl/ja_jp/docs/about/（accessed 6 February 2022）.

14）Google フォーム（Forms）.

　　URL: https://www.google.com/intl/ja_jp/forms/about/（accessed 6 February 2022）.

第8章

キャリアや将来を豊かにする支援と
ICT の活用

今日、ICT を仕事や社会的活動に活用している医療的ケア児者もいます。ICT の活用にかかわる教育の成果が役立てられているといえます。キャリアや将来をより豊かにするために活用される ICT ツールや、活用の実際に関して学習してみましょう。

第 1 節　ICT を活用したキャリアや生活の発展

1　コミュニケーションの場をつくる

　個々人のキャリアや生活をより豊かなものにするうえで、多様な人々とのコミュニケーションの場があることは大切なことだといえます。学校等では、そのような場をつくるために、「Google Classroom」（第 7 章参照）等が活用されています[1]。Google Classroom は、Meet 機能を通して仲間と交流するなど、授業内を超えたコミュニケーションツールとして活用することができます。

　Google Classroom を活用する場合、Google アプリがダウンロードされていることを確認し、クラスを作成して参加者を招待します。招待された側は、Google Classroom アカウント（あらかじめ郵送されているユーザーID およびパスワード）でログインし登録します。連絡事項は、タブを押して、「資料」から書き込みます。質問や課題等のトピック（カテゴリー）を作成すると、トピックを選べます。「予定を設定」機能を活用すると、指定された日時に連絡事項が投稿されます。

2　自分の得意・不得意を可視化する

　キャリアを豊かなものにするためには、自分自身を見つめて理解する力も重

要です。特に、学習の成果や到達度に関連して、アンケートフォームや問い合わせフォームなどを簡単に作成できるサービス「Google フォーム（Forms）」を活用すると、得意・不得意の自己分析に役立てることができます。

　Google フォームの「テスト」機能を活用すると、一問一答形式や選択肢形式等の問題を作成し、解答することができます[2]。学習データは蓄積できるので、自分の得意・不得意を知るための問題を自作し、傾向把握と対策に役立てることもできます。

　テストの作成方法は、まず Google フォームを立ち上げ、空白を選択して、問題を入力します。画面の「設定」タブを押し、「テストにする」をアクティブにします。画面の「質問」タブを押して、正答と配点を設定します。画面の「送信」を押し、フォームの送信メニューを出して、問題を共有するためのリンクを取得し、解答者に送信します。「URL を短縮」をクリックすると、URL を短くすることもできます。解答者は、リンクからテストを開いて解答します。解答が終了したら、画面に表示されている送信ボタンを押して、テストを送信します。解答後、解答者には、点数や、誤答であった問題などが表示されます。出題者が「解答」のタブを押すと、解答者の成績がグラフで表示されます。個別の正答状況を確認することもできます。一覧データとして、スプレッドシートに出力することもできます。設問ごとにメッセージを表示し、コメントやアドバイスを加えることができます。

　その他に、個人の Google アカウントで活用できる機能に、OCR（Optical Character Recognition /Reader）機能があります。「Google ドライブ（Drive）」や[3]、「Google ドキュメント（Docs）」を活用すると、画像や PDF、紙媒体から抽出した文字をテキストデータ化し、資料をデジタル保存することができます[4]。読み込むファイルのサイズが 2MB 以下にするとテキスト化の精度が上がるようです。資料をスマートフォン等で撮影した場合でも、Google ドライブに画像や PDF を保存すると、テキスト化することができます。

　使用方法は、保存したい写真の「書き出し」（エクスポート）ボタンから「Google ドライブ」を選び、Google ドライブ内の格納する場所を選択して、保存します。ブラウザで Google ドライブ内にある画像（PNG、JPEG 等）を選択

し、パーソナルコンピュータの場合、右クリックで「アプリを開く」をクリックします。開くアプリが表示されたら「Google ドキュメント」を選択します。OCR が自動で始まり、画像とテキストが表示されます。テキストが段組みされている場合、一段ずつ写真を撮影して作業するとよいようです。文字を読み取らない部分は、コピー用紙等で隠して撮影します。

第 2 節　ICT の活用の実際

1　ドライブの共有

　仕事や社会活動等では必要に応じて情報が共有されることがあり、「Google ドライブ」等の ICT ツールが活用されます。Google ドライブでは、フォルダ上で文書を項目別に分類したり、検索機能を活用して必要な文書を表示したりすることができます。学校等では、共有ドライブとして「Google Workspace」のアカウント等も利用されています。

　Google ドライブを活用する場合、Google ドライブを起動し、画面の「ドライブ」を選択して、画面の「新規」を押します。新しいフォルダ名を入力して「作成」を押し、共有のドライブを作成します。画面のメンバー管理を押して、「ユーザーやグループを追加」に追加したい人の Google アカウント名またはメールアドレスを入力します。権限の種類を選択すると、コメントを入力することができます。送信を押すと、相手に招待メールが送られます。

　招待メールを受信後、メール内の「共有ドライブを開く」を押すと、共有ドライブ内のファイル・フォルダがメンバー内で共有されます。Google ドライブでは、ファイルの修正や分析等もオンライン上で行うことができます。こうした資料や成果を共有して、内容を協同的に発展させることに役立てることができます。

2　多様な端末情報の保存

　端末の情報の種類が多様であっても、「One Note」等のデジタルノートアプリケーションを活用すると、一体化して保存することができます（図 8-1）[5]。

図8-1　One Note（英語版）

「One Note」には、テキスト、文書ファイル、PDF、画像や音声等、多様なデータを保存できます。保存したデータに、デジタルペンで情報を書き込むなどの加工も容易です。

　「One Note」を活用する場合、サインインし、ページのタイトルに続いて本文を入力します。手書きでメモを加えるには、タブレット端末やタッチパネル付きパソコン等を活用します。ページは、ほぼ無制限に作成することができるので、1ページごとに1つのテーマを書くようにし、必要に応じてページを追加すると整理しやすいかもしれません。

　ページが増えたら、セクションを増やしてページを分類することができます。「クイックノート」からドラッグ＆ドロップでページを各セクションに移動させます。必要に応じてセクションを増やし、分類するとよいでしょう。

　セクションが増えてきた場合、新しいノートブックを作成することができます。「ノートブック」をクリックして、ノートブックの追加をクリックし、新しいノートブックを作成します。新しいノートブックをセクションに移動する場合、移動したいセクションを右クリックしてメニューを表示し、移動／コピーをクリックします。

3　クラウドファンディング

　この他、夢や希望を経験したり実現したりすることを通してキャリアや成長を豊かにするために、クラウドファンディング（crowd funding）を活用し、活動や事業等を実施する場合があります。クラウドファンディングとは、クラウドとファンディングを組み合わせた造語です。ICT を活用して、完成した作品やサービス等の提供を約束したうえで、活動や事業に必要な資金を不特定多数の人から少額ずつ集めることに役立てられています。

　特徴として、インターネットを介することにより、発案者や支援者として、

誰でも参加できる気軽さが挙げられます。医療的ケア児者が活用する例では、家族で出かけることが難しい子どもたちの外出や旅行を支援したり、ミュージカル歌手等の将来の夢の実現を支援したりといった、子どもの育ちや学びにかかわる取り組みが行われています。

第3節　ICT を活用した地域や社会の発展にかかわる支援

　ICT は、医療的ケア児者の支援をより促進するといった、地域や社会を発展させる目的のためにも活用されています。例えば、ICT を活用して医療的ケア児者の考えや活動が発信されることは、インクルーシブな地域や社会の発展へつながります。また、外出や直接的な交流が制限される傾向にある医療的ケア児者の場合、ICT を活用して場の制約を超えた考えや活動を発信しやすいことが、より重視されるように思われます。

　ICT を活用したいが自分が使いたい機器がないなど、困っていることや、考えたこと等を発信することが、インクルーシブな地域や社会の発展につながるかもしれません。また、発信を通して、理解や支援を得られる機会があるかもしれません。

　発信したいことがあっても、考えを表現したり文章にまとめにくい場合、「Workflowy」等の ICT ツールを活用して、アウトライナーで大枠を作成すると、文章を書き進めやすいかもしれません（図8-2）[6]。発案した順に考えを書き留め、自由に入れ替えて構造化したり、異なるデバイスからもアクセスして編集したりすることができます。データはクラウドで保存されるので、パーソナルコンピュータの他に、スマートフォンや、タブレット等の多様な端末からアクセスして、入力や編集をすることができます。追加したり変更したりした情報は、

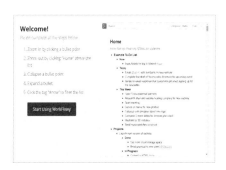

図8-2　Workflowy（英語版）

ネットに接続した際に同期されて反映されます。活用したい端末が複数ある場合、Workflowy をすべてに設定しておけば、いつでも思いついた時に入力しやすくなります。Workflowy では、音声入力を併用することもできます。入力作業が難しかったり、長い文章を入力する必要があったりする場合、活用してみるとよいでしょう。

　Workflowy の使用方法は、サイトにアクセスし、無料のアカウントを登録します。英語のサービスですが、設定する箇所は限られるので、簡単な英語が理解できれば使用できます。ブラウザの翻訳機能を活用して、日本語で設定を確認することもできます。

　アカウントの登録を終えたら、データを入力できます。画面の「New node」をクリックして、新しいアウトラインを作成します。「Untitled」と表示される部分に、タイトルを入力します。Enter キーを押すと、カーソルが次の行に移動します。思いつくままに、考えたことや、伝えたいこと等を入力していきましょう。文章ではなく、短い言葉や単語で入力すると活用しやすいようです。文の途中にカーソルを移動し、Enter キーを押すと、考えたことや伝えたいことに応じてトピックを分割することができます。フリーで使えるトピック数には上限がありますが、不要になったトピックを削除すれば、使用できるトピック数が回復されます。

　ある程度トピックを追加したら、トピックを移動して分類します。多いトピックを新たに追加し、下位に具体的なトピックをドラッグ＆ドロップで移動して、階層化します。階層化した後に、アイテムを追加したり、削除したりすることもできます。

　トピックを整理して文の構造化が進んだら、アウトラインをコピーしてエディタやワープロソフトにペーストし、文章を完成させます。まとまった文章を作成する場合、キッズ・エディや Office きっず等のエディタやワープロソフトを活用すると、作業がしやすくなります。

　気付いたこと等を思いつくままに入力してみましょう。文章だけでなく、メモや、to-do リストとして活用することができます。自分に合った活用に取り組んでみてください。

医療的ケア児者は、ICT を学習や就業に役立てる取り組みのなかで、ニーズに関する情報を製品やサービスの開発者へ提供したり、時には開発に協力したり、医療的ケア児者が使用しやすい地域の施設や支援に関する情報を収集・発信するなどの活動に取り組んできました。学習や就業、その他の社会的活動において ICT を活用する実践は、製品やサービスだけでなく、地域の持続可能性を発展させることにもつながっているといえます。このように、ICT の活用は、医療的ケア児者とともに、社会におけるユニバーサルデザインを実現し、発展させる活動に役立てられています。

 註

1）Google Classroom.
　URL: https://edu.google.com/intl/ALL_jp/products/classroom/（accessed 6 February 2022）.
2）Google フォーム（Forms）.
　URL: https://www.google.com/intl/ja_jp/forms/about/（accessed 6 February 2022）.
3）Google ドライブ（Drive）.
　URL: https://www.google.com/intl/ja_jp/drive/（accessed 6 February 2022）.
4）Google ドキュメント（Docs）.
　URL: https://www.google.com/intl/ja_jp/docs/about/（accessed 6 February 2022）.
5）One Note.
　URL: https://www.onenote.com/download?omkt=ja-JP（accessed 6 February 2022）.
6）Work Flowy.
　URL: https://workflowy.com/（accessed 6 February 2022）.

演習課題

1. ①なぜ教育や支援においてICTを活用する必要があるのでしょうか。学校教育等を中心とする基本的な考え方について説明してみましょう。②医療的ケア児等にとっては、ICTを活用することでどのような成果が期待できるでしょうか。

2. ①「Assistive Technology」（AT）や、「Augmentative & Alternative Communication」（AAT）についてさらに調べてみましょう。②これらの技術を、教育や支援等にどのように役立てられるでしょうか。

3. ①医療的ケア児者等の活動や活躍等に関して、紹介されているYouTube等を調べて視聴してみましょう。②そのような活動や活躍が発展するために、必要な教育や支援等に関して考えてみましょう。

4. ①「Quizlet」等を活用してゲームを作成してみましょう。②参加者等と相互に楽しみ、取り組み状況を表示してみましょう。③医療的ケア児等と作成や実施を楽しみたいゲームを考えてみましょう。

5. ①「Flipgrid（Flip）」等を活用して音声や音声を含む動画を作成してみましょう。②医療的ケア児等との活動では、動画をどのように役立てられるか考えてみましょう。

6. ①身体の動きを支援するためにICTのツールやソフトがどのように活用されているかを調べてみましょう。②教育や支援等にはどのように活用できるでしょうか。また、他にもどのようなICTツールがあるとよいかを考えてみましょう。

7. 「Voice Output Communication Aid」（VOCA）を教育や支援にどのように活用できるか調べてみましょう。

8. 「Keynote」等を活用して絵を描いてみましょう。写真や動画等も活用してみましょう。

9. 音声入力の機能を活用してみましょう。可能であれば、メモアプリ、「Gmail」や、「Google Keep」等、多様な機能を活用してみましょう。

10. ①「Kahoot!」を活用してクイズを作成してみましょう。②参加者等とク

イズに回答し合い、集団内の順位を確認したり、結果をスクリーンショット等で撮影したり、集団全体に拍手を送ったりしてみましょう。③医療的ケア児等と楽しみたいクイズについて考えてみましょう。

11. ①「Google Earth」等を活用して訪ねたい場所や施設に関するプレゼンテーションをしてみましょう。②医療的ケア児等と訪ねてみたいお勧めの場所や施設、活動やその内容等について紹介してみましょう。

12. ①「Google Jamboard」等を活用して、医療的ケア児と一緒に考えたいテーマを見つけましょう。②設定したテーマに関する考えを付箋に書き込んでみましょう。③参加者等と考えを共有し、考え等に応じて付箋を色分けしてみましょう。

13. ①身近な出来事や生活の様子等を写真や動画に撮影して作品として表現してみましょう。可能であれば、作品に編集を加えてみましょう。②医療的ケア児等と活動する場合は、どのような配慮を心掛ければよいでしょうか。

14. ①「Mentimeter」等を活用して、アンケートを作成してみましょう。②作成したアンケートを参加者等に実施して、結果をグラフに表示してみましょう。③医療的ケア児等とどのようなアンケートを実施したいと考えますか。

15. ①「ロイロノート」の「カード in カード」機能等を活用して新聞を作成してみましょう。②医療的ケア児等と活動する場合、どのような配慮を心掛ければよいでしょうか。

16. ①キャリアや将来を豊かにする支援のために、「Google フォーム（Forms）」等のテスト機能を活用し、一問一答形式や、選択肢形式等の問題を作成してみましょう。②他の参加者と問題を解答し合ったり、結果をグラフで表示したり、スプレッドシートに出力したり、コメントやアドバイスを加えてみたりしてみましょう。

17. ①医療的ケア児の支援を発展させるために、地域や社会の問題を見出し、文章で表現してみましょう。②文章を作成する際に、必要に応じて「Work Flowy」等を活用してみましょう。

お わ り に

　本書を通して学習されたみなさんは、今、どのようなことをお考えでしょうか。ICT が多様に活用されていること、また、その力や可能性について考えておられるでしょうか。医療的ケア児者のさらなる支援や発展のために、ICT の活用にかかわる新たな課題や方策を見出された方もいるかもしれません。

　ICT の活用は、医療的ケア児者の方々にとって、生活や社会活動にかかわる不具合を補ったり、助けたりする役割を果たしています。さらに、医療的ケア児者の方々の生活や社会活動をより豊かに発展させる役割も果たしており、今後、その役割をさらに果たしていくことが期待されています。

　学校教育等を中心に、ICT の活用があらゆる子どもたちに促進されつつある昨今において、学習を通して、医療的ケア児者の方々の教育や支援がますます充実されることを願ってやみません。このような成果が、医療的ケア児者の方々と共に実現され、推進されることが求められていると考えます。

　本書は、医療的ケア児者等の病気や障害のある方々にかかわる研究、教育や支援等にかかわってこられた山本勇先生のお力添えを得て出版されました。多忙ななか、貴重なご教示等を賜りましたことに心より感謝申し上げます。

　本書が出版されたのは、適切なご指摘等を通してご支援くださいました北樹出版編集部の椎名寛子様のご協力のおかげでもあります。また鴨田沙耶様にも様々な資料を基にわかりやすいイラストを作成していただきました。この場をお借りして、改めてお礼を申し上げます。

　最後に、本書の出版が叶いましたことは、これまでの活動等を通して貴重な気づきや学びを得ることができました、医療的ケア児者の方々や支援される方々との交流の成果でもあります。これからもみなさまとご一緒に、医療的ケア児者や支援者の活動の発展に努めることができることを切に願っております。

著　者

本書の出版にあたりまして、2022 年度国立音楽大学個人研究費（特別支給）を得ました。

索　引

Cisco Webex　　53

Classroomscreen　　43

CLAYTOWN　　44

Drop Tap　　34

Flipgrid（Flip）　　23, 61, 64

Garage Band　　35

Gmail　　37

Google Chat　　49

Google Classroom　　62, 69

Google Docs　　62, 65, 70

Google Drive　　62, 70, 71

Google Earth　　42

Google Forms　　51, 67

Google Jamboard　　49

Google Keep　　38

Google Meet　　52

Google Sites　　63

Google Slides　　30, 62

iMessage　　49

iMovie　　60

Kahoot!　　41

Keynote　　37

Mentimeter　　56

Microsoft Access　　57

Microsoft Lens　　45

Microsoft Teams　　52

navima　　18

Qubena　　18

NHK for School　　17, 18

Note　　63

One Note　　72

Online-Stopwatch　　44

Quizlet　　22

Skype　　48

Slack　　49

SNS　　59, 63

SONG MAKER　　36

VOCA（Voice Output Communication Aid）　　34

Workflowy　　73, 74

YouTube　　17

YouTube Kids　　17, 18

Zoom　　53

あ　行

ICT 活用教育アドバイザー　　4

ICT 支援員（情報通信技術支援員）　　4

IP アドレス　　6

アクションゲーム　　40

アンチウイルスソフト　　7

イヤフォンマイク　　54

医療的ケア児（者）　　11, 13, 20, 21, 48, 73, 75

医療的ケア児およびその家族に対する支援に関する法律（医療的ケア児支援法）　　12

インスタグラム　　59

ウイルス対策ソフトウェア　　7

Web カメラ　　54

Web 会議用スピーカマイク　　54

Web ブラウザ　　16

オンラインボイスレコーダー　　36

か　行

拡大・代替コミュニケーション　　21

学校教育の情報化に関する法律　　2

GIGA スクール構想　　2

GIGA スクールサポーター　　4

QR コード　61

教育の情報化　3

教育の情報化に関する手引　2, 8, 11

教科指導における ICT 活用　3

共生社会の形成に向けたインクルーシブ教育システム構築のための特別支援教育の推進　1

Google サイト（Sites）　63

Google スライド（Slides）　30, 62

Google ドキュメント（Docs）　62, 65, 70

Google ドライブ（Drive）　62, 70, 71

Google フォーム（Forms）　67

クラウドファンディング　72

グリーンバック　54

校務の情報化　3

コミュニケーションと情報デザイン　4

コンピュータとプログラミング　4

　　　さ　行

シミュレーションゲーム　40

シューティングゲーム　40

ジョイスティック　25

障害者の権利に関する条約（障害者権利条約）　1, 10

障害のある子どもの教育支援の手引　1

情報Ⅰ・Ⅱ　4

情報教育　3

情報社会の問題解決　4

情報通信ネットワークとデータ活用　4

情報的見かた考えかた　3

ショートカットキー　27

身体の不具合等を補う支援技術（AT）　21

スイッチャー　56

スキーム名　6

すらら　18

生体（バイオメトリクス）認証　7

　　　た　行

タッチパッド　27

タッチペン（スタイラスペン）　27

著作権法　10

デジタル教科書　18, 19

電子メール　17

ドメイン名　6

トラックボール　27

　　　な　行

入力支援スイッチ　25

ねずみタイマー　44

ノートパソコンスタンド　26

　　　は　行

表計算ソフト　16

ファイアウォール　7

不正アクセス行為の禁止等に関する法律　8

プログラミング教育　4

文書作成ソフト　15

ヘッドセット　54

ホームページ・ビルダー　46

　　　ま～わ　行

マルチメディア DAISY　45

ユーザ認証　7

UD トーク　20

ロイロノート・スクール　31, 60, 61, 65, 66

ロールプレイングゲーム　40

ワンタイムパスワード　7

監 修

山本　勇（やまもと・いさむ）

大阪大学医学部医学科卒業。医師。医学博士（大阪大学）。国立大学法人大阪大学大学院薬学研究科准教授、国立大学法人東京外国語大学保健管理センター所長等を経て、淑徳大学総合福祉学部特任教授、他。主な著書に、『新しい DNA チップの科学と応用』（共著、講談社サイエンティフィク）、『最新医学　別冊　脂質異常症（高脂血症）代謝 1』（共著、最新医学社）、『骨粗鬆症治療と服薬指導の実践』（共著、先端医学社）、他。　主な監修書に、『養護教諭養成課程　医療的ケア児支援を含む　基礎看護実技』『小児保健衛生　保育・教育における保健衛生の基礎と実践』『実践にかかわる専門職と学び考える　障害児保育・教育』『子どもの保健』（以上、北樹出版）、他。

著 者

山本　智子（やまもと・ともこ）

白梅学園大学大学院子ども学研究科博士課程修了。看護師。博士（子ども学）。国立音楽大学音楽学部准教授。主な単著に、『養護教諭養成課程　医療的ケア児支援を含む　基礎看護実技』『小児保健衛生　保健・教育における保健衛生の基礎と実践』『音楽キャリア発達支援』『子どもの保健』（以上、北樹出版）、『社会福祉論』『知的障害者の生理・病理および心理と教育・支援』『子ども家庭福祉』『子どもの理解と援助』『青年期・老年期の発達と心理』（以上、開成出版）、『子どもが医療に参加する権利』（講談社）、他。編著に『実践にかかわる専門職と学び考える　障害児保育・教育』（北樹出版）、『乳児保育の基礎と実践』（大学図書出版）他。共著に、『はじめて学ぶ知的障害児の理解と指導』（大学図書出版）、『教師と学生が知っておくべき特別支援教育』（北樹出版）、『新版　新しい保育原理』（大学図書出版）、『生命・人間・教育（埼玉学園大学研究叢書第 14 巻）』（明石書店）、他。

医療的ケア児者を包摂する 教育支援と ICT 活用

2023 年 1 月 31 日　初版第 1 刷発行

監　修　山本　　勇

著　者　山本　智子

発行者　木村　慎也

定価はカバーに表示　　印刷・製本　日本ハイコム株式会社

発行所　株式会社　北 樹 出 版

〒 153-0061　東京都目黒区中目黒 1-2-6
URL：http://www.hokuju.jp
電話(03)3715-1525(代表)　　FAX(03)5720-1488